나의 '브라보!' 순간

나의 '브라보!' 순간

초판1쇄 발행 2025년 8월 20일

발행인 김상우
편집인 신동민
펴낸곳 이투데이피엔씨 브라보 마이 라이프
출판등록 강남, 라01032
주소 서울특별시 강남구 강남대로 556 이투데이빌딩 15층
전화 02) 799-6713~8
이메일 bravo@etoday.co.kr
홈페이지 bravo.etoday.co.kr
ISBN 979-11-983650-3-3 (03800)

값 16,000원

저작권법에 의해 보호를 받는 저작물이므로 이 책의 무단 전재와 복제를 금합니다.
파본은 구입처에서 교환해 드립니다.

'브라보 마이 라이프 창간' 10주년 기념 수기 공모전 수상 작품집

나의 '브라보!' 순간

인생의 사표(師表)를 찾아서 외 17편

| 서문

"참 잘 살아오셨습니다."

꽃중년 전문 매거진 '브라보 마이 라이프'는 창간 10주년을 기념해 '제1회 2025 나의 브라보! 순간' 수기 공모전을 개최했습니다.

"당신의 찬란했던 순간은 언제였나요?"
"10년 뒤, 나는 어떤 모습으로 살아가고 있을까요?"

이 두 가지 질문은 이번 공모전의 두 축이 되었습니다. 응모자들은 지나온 삶의 가장 빛나는 장면을 떠올리거나, 앞으로 다가올 인생에 대한 기대와 포부를 자신만의 언어로 담아냈습니다.
80편이 넘는 응모작이 도착했고, 그중 8편이 수상작으로 선정되었습니다. 그 글들을 하나하나 읽어가며 우리는 공통된 이야기를 발견했습니다.

바로 '브라보!'라고 부를 만한 순간이 인생 2막의 문을 열어주었다는 사실입니다.

"필사즉생(必死則生), 사생유명 사당사의(死生有命 死當死矣). 이순신 장군의 사생관을 믿으며 걷고 또 걸었다."

대상 수상작 '인생의 사표를 찾아서' 중 한 대목입니다. 기자 생활을 뒤로하고 인생의 방향을 다시 찾고자 했던 작가는 이순신이라는 삶의 사표(師表)를 만나며, 새로운 이정표를 세웠습니다.

그렇게 자신의 길을 만들어가고 있는 18명의 이야기에 우리는 깊은 감동을 받았습니다.

그분들께 이렇게 말씀드리고 싶습니다. "참 잘 살아오셨습니다. 그리고 당신의 앞으로도 삶을 응원합니다."

다가올 인생의 계절들에도, '브라보 마이 라이프'가 당신 곁에 함께 걷겠습니다.

2025년 7월

'브라보 마이 라이프' 편집국 드림

| 차례

서문 5
[나의 '브라보!' 순간] 공모전 심사평 9

대상
인생의 사표(師表)를 찾아서 | 김동철 15

감동상
인생 2막의 변주곡 | 정슬 39

희망상
별을 향하여 | 전군표 55

가작
덤으로 사는 인생 | 김진숙 70
괜, 찬, 타! 괜, 찬, 타! | 김태호 84
돌아보며 걷는 미래 | 박삼 98
나도 청어처럼 살 수 있을까? | 윤은기 109
늦깎이 별의 반짝이는 독백 | 임상은 118

입선

암이 가져온 새로운 인생 2막 ｜ 김석순	130
퇴직 후의 리-드리머(Re-Dreamer)를 꿈꾸며… ｜ 김선경	141
공동체주거 활동가의 꿈 ｜ 김수동	149
늦바람 ｜ 박용호	159
나이 들수록 더 뜨거운 인생 이야기 ｜ 신미화	168
나의 아픈 추억, 벚꽃이 흩어지는 날 ｜ 신재우	181
오뚝이 찐빵의 꿈 ｜ 유영석	195
내 사랑 내 곁에 ｜ 장옥수	206
대지에 집 짓기, 그 완성되지 않은 꿈 ｜ 조근휘	215
일과 꿈 ｜ 조미경	230

[나의 '브라보!' 순간] 공모전 심사평

"인생 2막의 공감,
　시니어들의 삶이 글이 되다"

> 브라보 마이 라이프가 개최한 제1회 '나의 브라보! 순간' 공모전은 독자 여러분의 뜨거운 참여 열기 속에 성황리에 막을 내렸습니다. 우열을 가리기 어려운 훌륭한 작품들이 모여, 브라보 자문단으로 이뤄진 심사위원단은 수상작 선정에 어려움을 겪었을 정도입니다.
> 심사위원장을 맡은 조성권 미래설계연구원 원장의 심사평을 통해 이번 공모전의 심사 방향과 평가를 소개합니다.
>
> 　　　　　　　　　　　　　　　　　　　　　　　　　　－ 편집자 주

제1회 '나의 브라보! 순간' 수기 공모에 응모해주신 여러분께 심사위원장으로서 진심으로 고맙게 생각합니다.

  수기는 누구나 쓸 수 있지만 아무나 쓸 수 있는 게 아닙니다. 나를 드러내야 하고, 대통령도 아닌데 내가 겪은 일이 수기로 적당할까 고민하다 못 쓰는 분들이 허다합니다. 그래서 수기는 용기가 필요합니다. 그런 남모르는 고민을 딛고, 쓰고, 응모해준 여러분은 모두 대상감입니다.

  그걸 평가하고 등위를 매겨야 하는 심사는 신의 영역이었습니다. 더욱이 응모작이 모두 약속이나 한 듯 다른 주제를 들고 나왔기에 심사하기 더욱 어려웠습니다. 그래서 우리 위원들은 몇 가지 심사 원칙을 정했습니다.

  첫 번째는 진솔성입니다. 용기가 뒷받침되는 나만의 얘기를 솔직하게 털어놓은 분들에게 높은 점수를 드렸습니다. 특히 자신의 환경을 받아들이고 인생의 의미를 되새기게 하는 반전의 매력은 결국 용기에서 나옵니다. 그게 인생의 아름다움입니다.

  두 번째는 같은 어려움을 겪는 이들에게 용기를 주고 나도 따라 하고 싶을 만큼 상세하게 적어주신 분들께 점수를 후하게 드렸습니다. 그게 여간 어려운 일이 아니란 걸 알기 때문입니다.

  세 번째는 원칙입니다. 이번이 첫 회입니다. 계속 이어가야 하기 때문에 앞으로 응모할 분들이 따라 하기 쉽게 글을 쓴 분들에게 심사위원 모두 의견 일치해 높은 점수를 주었습니다.

글은 감동입니다. 미사여구를 늘어놓는다고 독자가 감동하는 건 아닙니다. 그분의 이야기를 들으며 공감할 때 감동하는 겁니다. 공감을 불러일으키는 글이 좋은 글입니다.

'인생의 사표를 찾아서'는 읽는 이에게 큰 용기를 선사해줘서 먼저 대상으로 뽑았습니다. '인생 2막의 변주곡'은 큰 감동을, '별을 향하여'는 나이 들면 뭘 해야 하는지를 보여준 수작입니다.

아쉬운 점은 규격에 맞지 않는 응모작이 많은 것이었습니다. 내용은 좋은데 형식을 갖추지 못하면 글의 위엄이 떨어지기 때문입니다. 한 가지 더 말씀드릴 것은 자신을 뽐내려고 현학적이거나 미화한 작품은 수기가 갖춰야 할 기본을 일탈한 것이어서 제외했다는 점을 밝힙니다.

응모해주신 여러분의 실력은 우열을 가리기 힘들었다는 얘기입니다. 수준 높은 수기를 써주신 여러분의 노고에 보답하기 위해 수상작은 책으로 만들고, 앞으로 브라보 작가교실을 열고, 수기 동문회를 조직해 여러분의 끝없는 욕구를 만족시켜드릴 것을 약속합니다.

이번 심사에 저 외에도 '브라보 마이 라이프' 자문단 여러 위원들이 함께해 주셨습니다. 각자 다른 분야에서 활약하시는 분들이라 심사 기준도 다채로웠지만, 모두가 공통으로 감동받았다는 점이 인상 깊었습니다.

박영란 강남대학교 시니어비스니스 학과 교수는 "모두 존경스러운 이야기였다"고 했습니다. 과거 보건복지부의 '8만 시간 디자인 공모전'을 언급하며 브라보 공모전이 중단되지 않고 전통으로 이어지기를 희망했으며,

"잡지의 한 코너로도 충분히 가치 있다"는 제언을 주었습니다. 무엇보다 "질병, 퇴직, 불확실한 미래 속에서도 자신의 삶을 사랑하고 공동체를 위해 봉사하는 시니어들을 응원한다"고 한 대목에서 깊은 울림이 있었습니다.

양진옥 굿네이버스 미래재단 대표는 "어떤 글은 눈물이 났다"며 다양한 연령과 배경에서 나온 이야기들, 특히 인생의 굴곡을 드러낸 도전기가 강한 인상을 남겼다고 했습니다. 남녀의 균형, 연령대의 다양성, 도전과 감동이 잘 버무려졌는지를 기준 삼아 심사했다고 합니다.

한주형 50플러스코리안 회장은 "내려갈 때 보았네 올라갈 때 보지 못한 그 꽃"이라는 시 구절을 인용하며, 이제는 자신을 돌보고 주위를 살필 줄 아는 브라보 시니어들의 이야기에 "진한 감동과 희망을 느꼈다"고 했습니다. 단 한 줄의 심사평이지만 그 여운은 깊었습니다.

홍명신 에이징커뮤니케이션센터 대표는 "진정한 어른의 성장 기록이었다"고 평했습니다. 고통과 불안을 견디고 꿈을 향해 걸어가는 시니어들의 이야기가 "마음을 촉촉하게 어루만졌다"며, 이 이야기들이 "희망과 용기의 씨앗이 될 것"이라는 믿음을 전해주었습니다.

이렇듯 심사위원 모두의 마음을 움직였고, 서로 다른 시각에서 공모작들을 존중해주었기에 이번 심사는 더욱 풍성하고 의미 있게 완성될 수 있었습니다. 응모해주신 모든 분께 다시 한번 고개 숙여 감사드립니다.

— 조성권 이투데이피엔씨 미래설계연구원 원장

'나의 브라보! 순간' 공모전 당선작

인생의 사표(師表)를 찾아서

김동철

#1.

　　　　　나는 지금도 이순신 장군을 만나러 갈 때면 소년 시절 소풍 전날처럼 마음이 설렌다. 오랜 도시 생활에서 사람들과 부딪히면서 쌓인 스트레스가 다 날아가는 것 같은 홀가분함을 미리 만끽한다.

　특히 통영에서 배를 타고 20여 분 달려가서 한산도 동백꽃을 구경할 생각을 하면 안달이 날 정도다. 이순신 장군의 영당인 충무사가 바라보이는 홍살문을 지날 때부터 어떤 웅혼한 기상을 느낄 수 있다. 고즈넉한 곳, 영정 앞에 향불을 피우고 소망을 기도하고 사당을 한 바퀴 돌면 몸과 마음이 정화되는 느낌을 받는다. 도심의 찌든 삶의 때를 푸른 해풍으로 씻어내는 이곳은 나의 최적의 명상 터가 되었다.

이순신 장군이 좋아서 그를 찾아다닌 지가 벌써 10년이 훌쩍 넘는다. 추우나 더우나 눈이 오나 비가 오나 전국에 산재한 그의 유적지를 찾아다니는 일은 과감한 도전정신이 필요했다. 일련의 도전에서 소소한 행복감은 덤으로 묻어와 인생 2막의 '소확행 여행'으로 잘한 선택이라 여기고 있다.

사람들은 묻는다. "왜 이순신을 공부하게 되었냐?"고. 이럴 때 나는 대답 대신 짐짓 딴전을 피우거나 대답을 회피하곤 한다. 우리나라 사람치고 이순신 장군을 모르는 사람은 없지만, 그의 파란만장한 삶과 대의에 입각한 올바른 처신에 대해서는 잘 모른다.

50대 후반, 좀 이른 나이에 스스로 퇴직을 결정하고 인생 2막에 들어섰을 때 앞길이 막막했다. 마침 군대를 다녀온 아들은 도쿄의 요리학교로 유학을 떠났다. 아내 또한 일본으로 가서 전문대학에 입학했다. 딸은 한국에서 사회생활을 하고 있었다. 가장의 위치가 불안정해지자 가족은 각자도생의 길로 갔다. 이 와중에 외람되게도(?) 이순신 장군 연구라는 엉뚱한 발상을 한 것은 바로 나였다. 나는 순전히 내가 하고 싶은 일을 해야겠다는 일심(一心)으로 똘똘

뭉쳐있었다. 가족들은 "이 무슨 난데없는 풍딴지같은 소리냐"며 의아해할 것 같았지만 아무도 입을 열지는 않았다.

사람은 좋아하는 사람을 닮아가게 마련이던가? 생활인으로서 경제적 어려움은 있었지만, 그런대로 고비를 넘길 수 있었던 것은 이순신 장군 덕택이었다. "이순신 장군은 자급자족의 실용주의자였다. 이럴 때 장군이라면 어떻게 했을까"하면 대개 답이 나왔다. 불이익을 감수하면서 국민연금을 조기 수령했다. 당장의 생활고를 헤쳐 나가는 데 최소한의 밑천이 되었다. 답사를 하다 보면 교통비, 숙박비, 식비 등의 비용이 만만치 않게 들어간다. 그것도 10여 년 동안이나 계속된다면…. 어떤 이가 "국수 사 먹으라"면서 돈 10만 원을 준 적이 있었다.

"한번 사는 인생, 영웅적 대의명분을 가질 필요는 없겠지만, 쩨쩨한 소인배로 살지는 말자"고 다짐했다. 필사즉생(必死則生 필히 죽고자 하면 산다), 사생유명 사당사의(死生有命 死當死矣 죽고 사는 건 하늘의 뜻이다). 이순신 장군의 이런 사생관을 굳게 믿으면서 걷고 또 걸었다.

기자로서 사회생활을 하면서 다양한 부류의 많은 사람을 만났다. 그러나 진정한 사표(師表)는 만나지 못했고 대개의 경우 황금만능주의에 빠진 사람들이었다. 살아갈수록 인격과 실력을 겸비한 된 사람이 몹시 그리웠다. 나는 나 자신이 돈 버는 재주가 없음을 너무나 잘 안다. 그렇다고 다시 월급쟁이로 재취업을 한다는 것도 맞지 않았다. 인생 2막에서는 내가 하고 싶은 일을 맘껏 해봤으면 좋겠다는 생각이 굴뚝같았다. 일단 내 인생의 기획자이자 실행자로서 성공하건 실패하건 후회 같은 건 없다고 스스로 다짐했다. 특히 남의 통제받기를 싫어하는 성품으로 자유로운 영혼을 맘껏 달래줄 절호의 기회라고 생각했다. 그렇다면 모래알같이 수많은 시간을 어떻게 효율적으로 써야 할까,

#2.

　　　　　이순신 장군! 나는 교보문고에서 이순신 관련 도서를 모두 구입해서 커다란 배낭에 넣고 설악산 백담사 입구에 있는 만해마을로 달려갔다. 그곳의 숙소를 빌려 3박 4일 동안 10여 권의 책을 정독했다. 지피지기(知彼知己), 상대를 알고 나를 아는 작업이었다. 여러 작가들이 서술한 것을 비교 분석하면서 나는 퍼즐을 맞추듯 이순신 장군의 형상을 그려나가기 시작했다. 조각을 하나씩 맞추다 보니 내가 그토록 바라던 인간상을 가진, 시대의 사표임이 틀림없다는 확신을 가지게 되었다. 그렇

다면 어서 빨리 그의 흔적, 족적, 숨소리를 찾아서 출발 앞으로! 가야 할 일이었다.

그래서 나는 배낭에 디지털카메라를 넣고 무작정 아산 현충사로 달려갔다. 넓은 현충사 경내는 잘 정비되어 정갈했고 이순신 장군의 넋이 온전히 퍼져 있는 듯 영험한 기운이 감돌았다. 현충사 사당의 장군 영정에 참배를 하고 옆의 고택을 둘러봤다. 『난중일기』에 나오는 장인 방진(전 보성군수)의 무남독녀 외동딸과 결혼해 세 아들과 외동딸을 낳고 살았던 집이다. 뒤쪽에는 장독대가 있었는데 당시에도 된장, 고추장, 간장 등이 담겨있었을 것이라고 상상하니 정겨웠다.

충무공이순신기념관 안에는 7년 전쟁의 기록인 7권의 『난중일기』가 있었고, 임금에게 올린 전쟁보고서인 『임진장초』와 사적 편지 모음집인 『서간첩』의 실물이 전시되어 있었다. 국보 제76호로 지정된 이 서책들은 이미 한번 훑어본 것이어서 친근했다. 197.5cm, 2m 좀 모자라는 두 자루의 장검을 보는 순간 등골이 오싹했다. 삼척서천산하동색(三尺誓天山河動色), 일휘소탕혈염산하(一揮掃蕩血染山河)라는 검명은 즉 '세척 길이 칼로 하늘에 맹세하니 산과 강도 빛이 변하도다.' '크게 한번 휩쓰니 피로써 산과 강을 물들인다'는 뜻이다. 어디에 내놔도 훌륭한 명문이었고 장쾌한 서사였다. 친필 검명은 이순신 장군의 진충보국하고자 하는 결기를 드러냈다. 불의한 외적의 침략에 대해 나라와 백성을 지켜야 한다는 그의 애국충정은 선공후사, 임전무퇴, 살신성인의 자세로 나타났다. 나는 이 두 자루의 칼을 보고서 절체절명의 상황에 놓인 장군의 절대 고독감을 오롯이 느낄 수 있었다.

책에서 대충 훑었던 친필『난중일기』가 내 앞에서 반짝 빛나고 있었다. 임진왜란이 발발한 해인 1592년(선조 25년) 음력 1월 1일부터 노량해전에서 전사하기 이틀 전인 1598년 음력 9월 17일까지의 2,539일 중에서 1,491일(한산도 1,028일)의 친필 기록이다. 어지러운 전쟁통에 쓴『난중일기』는 격동의 시대에 한 인간의 사상이 녹아있는 거대한 서사로 읽혔다. 특히 나라와 백성을 걱정하는 영웅의 면모뿐만 아니라 가족과 친지들의 건강에 대한 소소한 기록과 동료·친척과의 왕래 교섭, 어머니와 아들을 잃은 슬픔 등 한 인간의 아픈 내면까지 들여다볼 수 있는 개인 문집이자 문학 사료도 훌륭한 작품이었다.

나는 이순신 장군이 무인이 되지 않았다면 훌륭한 문사(文士)가 되지 않았을까 하는 생각을 했다. 이미 그는 나에게 '달빛 시인'으로 각인되어 있었다. 휘영청 둥근 달이 뜨면 한산도 수루에서 지필묵을 준비해서 가슴에 쌓인 소회를 풀어내는 모습이 피리 소리와 겹쳐졌다. 활터에서 활을 쏘고 전장에서 함성을 지르고 일기와 시조를 짓는 그의 다른 이름은 '문무겸전의 장군'이었다. 영국의 윈스턴 처칠 경(卿)의 회고록인『제2차 세계대전』은 1953년 노벨문학상을 받았다. 전쟁 문학작품으로 손색이 없는『난중일기』도 그에 합당한 대접을 받아야 하지 않을까. 16세기 동북아 3국(조선, 일본, 명나라)의 7년 전쟁을 다룬 대서사로서 손색 없다고 믿는다.

#3.
　　　　　　내가『난중일기』에서 재미있게 읽은 대목은 이순신 장군이 진영에서 즐겨 드시던 먹거리였다. 종합해보니 장국, 어육각색(쇠고기 내장과 생선 전), 장김치, 멸치젓, 와가채(무명조개), 전과(동아전과 동아박 꿀조림), 연포탕, 마른 전복 등이다. 물론 이런 진수성찬이 한 상에 모두 올라오는 것은 아니겠지만, '나는 답사를 하면서 하루에 겨우 한두 끼를 먹는데…' 하는 엉뚱한 생각이 뇌리를 스쳐갔다. 그러나 이내 '잘 드시고 건강하셔야 큰일을 하시지 않겠는가?' 하며 삿된 마음을 다잡았다.

또 고성의 월이, 해남의 어란, 여진 등 전설과 혼재된 기생 이야기도 흥미로웠다. 장군의 취미로는 휘파람 불기, 점술, 꿈 해몽, 승경도(陞卿圖 벼슬 맞추기) 놀이 및 활쏘기 등이 있는데, 이것들은 동료나 부하들과의 소통 도구로 활용됐다.

고택 옆에는 막내 아들 면의 묘소와 청년 이순신을 무과급제로 이끈 장인(방진)과 장모의 묘가 있다. 무인 출신 장인의 지도 아래 활을 쏘고 말을 타고 달리던 청년 이순신의 늠름한 모습이 선하게 다가왔다. 저 멀리 북쪽으로 9km를 가면 이순신 장군의 분묘가 있다. 답사 당일 마침 중고생들이 단체로 참배하고 있어 사진을 찰칵! 찍었다.

그 아래에는 정조대왕이 지은 『어제신도비(御製神道碑)』가 비각 안에 우뚝 서있었다. 이순신 장군을 흠모허 마지않던 정조 임금은 아산 이순신 묘소 아래에 자신이 직접 지은 글을 담은 신도비를 세워주고, 의정부 영의정으로 추증하였다. 그리고 "이순신이 중국에 태어났다면 제갈공명과 누가 우세할지 자웅을 겨루기 어려웠을 것이다"라고 말하면서 왕의 금고인 내탕금(內帑金)을 내서 흩어져 있던 이순신의 자료를 모아 『이충무공전서』를 발간했다. 왕이 신하의 책을 내주는 일은 없다는 대소신료들의 반대를 무릅쓰고 이순신 현양사업을 이어갔다.

이순신 현양 사업에 열성인 또 한 사람이 있었다. 박정희 전

대통령이다. 이순신 유적지를 찾아다니다 보면 박 전 대통령의 흔적을 발견하기가 어렵지 않다. 광화문 이순신 장군 동상 건립, 1960~1970년대 현충사 성역화 사업, 한산도 성역화 일환으로 한산대첩비 건립, 노량해전 후 시신이 안치됐던 남해 관음포 이락사(李落祠 이 씨가 바다에 떨어짐) 현판과 대성운해(大星隕海 큰 별이 바다로 떨어짐) 휘호, 충렬사 현판과 '보천욕일(補天浴日)'이란 글씨도 그의 친필 휘호다. 보천욕일은 '찢어진 하늘을 수리하고 해의 먼지를 목욕시킨다'는 뜻으로 '위대한 업적'을 뜻한다. 그리고 충렬사 가묘터의 식수(植樹)도 있다.

#4.
　　　　　이순신 장군의 얼과 리더십의 문헌적 연구를 했다면, 이제 본격적으로 이순신 유적답사가 시작되어야 할 것이다. 그의 숨결이 닿아있고 발자취와 흔적이 있는 곳이라면 어디든지 찾아갈 태세로 강행군은 이어졌다. 현충사를 답사한 날 그토록 목말라하던 사표를 만났다는 안도감과 뿌듯함으로 자축 파티를 했다. 저녁때 식당에서 이순신 장군의 생애를 생각하면서 소주 한 병을 마셨다. '국민 멘토'의 유적지를 답사하는 계획을 짜면서 가슴이 벅차오름을 느꼈다. 충청도, 경상도, 전라도, 백의종군길, 수군재건길이 목적지였다.

답사가 없는 날이면 이순신 관련, 책과 논문을 독파해 나갔다. 빨강, 파란색 펜으로 밑줄을 그으면서 읽었고 어느 책은 몇 번씩 읽다 보니 책이 울긋불긋 지저분해졌다. 나의 독학 공부법은 역사적 사실의 전후 맥락을 떠올리면서 마치 수험생처럼 달달 외우는 게 기본이었다.

류성룡의 『징비록』, 『선조실록』, 임진왜란 관련 논문들 및 19C 메이지 시대 일본 해군의 이순신 존숭을 담은 기록들도 독서목록이었다. 1905년 러일전쟁을 승리로 이끈 도고 헤이하치로 제독의 이순신 존경에 관한 언급은 놀라웠다. "나와 넬슨은 국가 총력전으로 앞장섰지만, 이순신 장군은 나라의 지원 없이 10대 1의 열세를 극복하고 (명량해전에서) 승리했다." 일본 해군은 명량해전 외에도 한산해전, 노량해전 등 패전에서 교훈을 얻으려 이순신 장군의 전략 전술을 분석하고 공부했다. 그래서 우리보다 더 많이 이순신 장군을 알고 있었다. 그렇다면 나 한 사람이라도 공부를 해야 하지 않겠는가 하는 향학열이 불타올랐다.

전국적으로 보면 경상남도 통영의 삼도수군통제영인 세병관(국보 제305호)과 3년 7개월 근무한 한산도의 제승당, 여수의 전라

좌수사 임지였던 진남관(국보 제304호) 등이 주요한 답사 포인트다. 여기를 중심으로 뻗어 가면 한산해전, 노량해전, 명량해전 등 23전 23승의 전승지를 답사할 수 있다.

첫 번째 답사지로 정한 곳은 경상도 지역의 통영, 한산도, 거제, 부산, 진해, 창원, 마산, 사천, 고성, 진주, 남해 등이다. 이 지역을 모두 다 가려면 많은 시간이 걸렸으므로 쪼개서 답사 일정을 짜야 했다.

두 번째 전라도 쪽 답사지는 여수를 중심으로 순천의 왜성, 목포, 진도, 해남, 구례, 광양, 보성, 완도, 강진, 고흥 및 수군재건 길이다. 이 또한 수많은 시간이 걸렸다. 그리고 서울 의금부에서 나와 남대문을 거쳐 경상도 합천 권율 도원수 진영으로 가는 백의종군길이 추가되었다.

이러다 보니 10여 년의 세월이 훌쩍 흘러갔다. 전국의 이순신 장군의 유적지는 거의 다 여러 차례 밟아봤다. 북한에 있는 곳을 빼고는 말이다. 1576년 무과 급제 후 여진족을 방어하기 위해 파견된 초임지인 함경도 동구비보와 1583년 함경도 건원보, 1586년 조산보, 1587년 녹둔도(지금은 러시아 령) 둔전관 시절 여진족과 전투한 땅 등은 통일 후 답사로 미루었다.

차량 이동이 아닌 뚜벅이의 도보 답사여서 불편하기 짝이 없었다. 그러나 간간이 지인의 도움으로 차를 타고 답사를 했다, 혼자서 답사에 나서는 것은 또 다른 장점은 있다. 온전히 자신만의 시간을 가지면서 이순신 장군과 내밀한 대화를 나눌 수 있어서이다.

해남에서 완도의 고금도 이순신 진영을 가자면, 1~2시간마다 오는 버스를 기다렸다 승차 후 배 타는 곳까지 가서 섬에 도착한 뒤 답사지까지 택시를 타고 가야 한다. 돈이 들고 번잡한 여행이지만, 불평불만은 금물이었다. 내가 좋아서 하는 답사이고 또 존경하는 스승님을 뵈러 가는 답사가 아닌가 말이다. 이렇게 전국 각지를 돌다 보면 자연히 다리운동이 됐고 낯선 동네의 사람들과 이야기를 나누다 보니 각졌던 마음이 풀어져 너그러워지는 것 같았다. 초행길에 길을 가르쳐 주는 사람이야말로 가장 고마운 은인이었다. 세상에 고마운 사람들이 도처에 깔려있음을 뒤늦게 알았다.

답사 도중 맞닥뜨리는 사소한 어려움은 이순신 장군이 당했던 것에 비하면 새 발의 피였으므로 훌쩍 넘길 수 있었다. 노량 해전이 벌어졌던 남해의 충렬사를 찾아가던 어느 여름날, 관음포 기념관 해설사의 말만 믿고 뙤약볕에 물도 없이 거의 두 시간을 걸어가야 했다. 일사병으로 쓰러질 뻔했지만 저 건너편에 드넓게 펼쳐진 순국의 바다를 가까이서 볼 수 있다는 것은 흔치 않은 기회였다. 세상만사 일체유심조(一切唯心造)다. 모든 것은 마음 먹기에 달렸다.

점심시간이 훨씬 지난 오후 3시경, 식당의 여주인은 카메라를 내려놓은 나에게 "왜 점심을 거르고 다니느냐?"고 물었다. 나는 "이순신 장군 답사를 하다 보면 그렇다"고 하자, 시킨 회덮밥 외에 주방에서 서더리탕 한 냄비를 끓여와서 "좋은 일을 한다"면서 건넸다. 마침 바로 앞에는 해군사관학교에서 기증한 거북선이 두둥실 떠 있었다. 고생 끝에 소소한 행복을 진하게 느낀 날이었다. 또 거제 옥포해전지 답사를 갔을 때 식당 여주인은 계란 후라이를 서비스로 주었는데 그 고마움의 여운이 남아있다. 해남의 땅끝마을 미황사에서 점심 공양으로 먹었던 들기름 두른 비빔국수의 맛은 아직도 고소하다. 물론 통영과 여수에서는 싱싱한 횟감을 식탁에 올려놓은 호사도 누려봤지만. 통영의 거북선 세 척이 있는 문화마당 뒷골목의 돼지국밥, 서호시장 시락국 또한 빼놓을 수 없는 진미였다.

답사 후 찜질방에서 하룻밤 묵고 다음 날 깨끗이 목욕재계한 뒤 다시 답사를 하는 과정은 연속되었다. 이순신 장군의 발포만호 때의 유적을 찾아서 고흥 땅을 찾았다가 막차를 놓칠 뻔했다.

그 버스를 놓치면 먹고 잘 곳이 마땅치 않은 오지였다. 막 뛰어가서 가까스로 버스에 올라탄 안도의 기분! 가슴을 쓸어내리며 읍내 식당에서 늦은 저녁 회덮밥에 소주 한 병은 피로회복제로 모자람이 없었다. 이제는 소주 한 병을 혼자서 다 마실 수 있을지 모르겠다.

한번은 순천의 이순신 유적지와 왜성(倭城) 답사를 갔을 때 만난 한 촌노가 "돈이 안 되는 일을 하는구만"이라며 쓸데없이 돌아다니지 말라는 뜻을 비치기도 했다. 그렇다. 이순신 장군의 흔적을 찾아다니는 일은 '영양가 없는 허업(虛業)'일지 모른다.

혼자 걸으면 자신만의 오롯한 시공에서 명상의 자유를 만끽할 수 있다는 건 행복한 일이었다. 남해의 이순신 장군이 순국한 관음포 해전지를 찾아가는 이락사 뒤편 숲속 길은 새소리가 낭랑한 힐링의 공간이다. 또 한산도의 한산해전기념탑을 찾아가는 산꼭대기 호젓한 오솔길도 정답다. 그곳에서 내려다본 한산해전의 격전지는 언제 그런 적이 있었느냐는 듯이 아련하게 느껴진다.

답사를 하다 보면 숨겨진 비경(秘境)이 눈에 띄었다. 다시 찾아올 수 없을 것만 같아 더없이 귀하고 소중했다. 아리따운 자태의 동백꽃은 이순신 장군의 유적지에서 마주치는 선물이다. 여수

오동도, 통영 한산도, 거제 옥포, 부산 동백섬, 남해, 해남, 진도 등 어디에서고 동백꽃은 이순신 장군의 영혼인 듯 이 땅에 환한 미소를 던져주었다. 엄동설한을 견디어 이겨낸 강인한 동백꽃은 머리 째 떨어진 낙화가 되어 차마 밟지 못하고 피해서 가야 한다.

#5.
　　　　　　　나는 이순신 장군 책을 쓰기로 했다. 나는 KTX나 버스, 택시 등으로 이동할 때 아무리 피곤해도 졸지 않으려 애쓴다. 찰나의 순간을 놓치지 않으려는 뜻에서다. 계절에 따라 날씨에 따라 빛의 양이 달라짐으로써 하나의 피사체는 그 모습이 제각각 다르게 나타난다. 이런 사진 조각을 모으면 역사의 흔적이 되고 또한 영원한 기록물이 될 것이다. 가는 곳마다 카메라 셔터를 누르고 스마트폰 촬영을 한 사진이 10여 년 동안 1만여 장이나 모였다. 사진에 글을 입히면 글이 된다.
　뚜벅이가 발품을 팔아서 모은 재료가 담긴 『이순신 유적답사기1』은 2018년 마산의 한 출판사에서 출간됐다. 당시 나는 진해에 머무르면서 개관을 앞둔 이순신리더십국제센터의 이순신 기

념관 및 조형물, 영정, 전투도 등 사료의 고증 자문을 맡고 있었다. 나는 자문료를 책의 출간에 썼다.

저술로 말하자면 이보다 앞선 2016년 『환생 이순신, 다시 쓰는 징비록』이 먼저 나왔다. 출간되자 언론 인터뷰가 나가면서 세상에 처음으로 나의 이름을 알려지게 되었다. 그 이후에 『우리가 꼭 한번 만나야 하는 이순신』이 서울의 유명 출판사에서 출간했다.

역사 관련 책을 쓰자면 우선 역사적 사실과 고증 등 학술적 자료와 지역 정보와 소문, 풍문 등 공간적 취재 범위를 넓혀서 꼼꼼히 다루어야 한다. 뚜벅이로서 충청도, 경상도, 전라도에 산재한 수많은 유적지를 답사한 지가 엊그제 같은데 벌써 네 권의 책이 나왔다니 참으로 부지런히 달려온 것 같다. 밥해 먹고 도서관 가서 책 읽고 쓰고, 답사하는 게 나의 일상사였다. 어서 빨리 이순신 장군의 정신을 널리 알려야겠다는 생각이 절실하다 보니 불광불급(不狂不及)! 미쳐야 도달할 수 있다는 믿음으로 나아갔다.

책을 쓴다는 게 얼마나 고독하고 힘든 일인가. 그러나 오히려 호기심이 앞서 즐거웠다. 마침내 진해의 이순신리더십국제센터가 개관했다. 창원시장과 도청 고위 공무원 및 해사 고위 장교들에게 저자 친필 사인을 해주었다. 중앙홀에는 내가 사료에서 추린 이순신 장군의 진중음(陣中吟; 진영에서 쓴 시조) 20여 편이 전시되었다.

센터가 오픈한 뒤 공무원과 군인 및 일반인들을 대상으로 이순신 인성과 리더십 강의를 했다. 칠순을 넘긴 한 퇴역 해군 제독은 내 강의 단골 청강생이었는데, "너무 재미있어 찾아온다"고 했다. 강의 후 진해 속천항에서 수강생들을 태우고 출발한 유람선은 거제 칠천량 해전지 앞바다까지 갔다가 다시 안골포, 웅천 해전지를 돌아오는데, 나는 마이크를 잡고 여행 가이드처럼 당시의 전투 상황을 재현하듯이 설명했다.

"총통이 꽈광 꽝! 하고 발사되자, 적장이 탄 휘황찬란한 아타게부네(안택선)와 군선 세키부네(관선) 대여섯 척이 우지끈뚝딱! 부서지며 기울어졌다. 이윽고 불화살을 맞은 배들을 화염을 뿜으면서 서서히 수장되었다. 승전고 소리와 함께 울려 퍼지는 함성, 살려달라는 아비규환의 비명이 들리지 않습니까? 여러분." 나는 연극 배우처럼 몸짓하고 발성했다. 2020년 코로나 팬데믹으로 강의가 끊기자 나는 다시 서울로 돌아왔다.

#6.

　　　　　　　　내가 만든 길은 또 다른 길과 연결되었다. 해군협회 안보세미나의 이순신 관련 토론자로 참석했고, 해군협회지의 원고청탁을 받아『통영의 이순신, 여수의 이순신』을 기고했다. 그리고 한 단체의 논문 공모전에서『국가 지도 이념이 된 이순신 정신』이 당선되었고 몇몇 학회지에『충무공 이순신 시조에 나타난 인성』,『이순신 현양사업에 대한 연구』등이 게재되었다.

　이렇게 책이 나오고 논문이 잇달아 나오면서 모 언론에 '이순신 인성과 리더십' 칼럼을 연재하기도 했다. 또한 인터넷 방송에 출연해서 6회에 걸쳐 이순신 정신과 전략 등을 전파했다. 이후 보훈교육연구원이 실시하는 교장·교사 대상 안보 투어 강사로 초청받아 활동했다. 1박 2일 일정으로 이들에게 통영의 세병관, 한산도 진영, 여수의 진남관 및 거북선 등 유적 등을 설명하고 인성과 리더십을 알리는 일이었다. 또한 '충무공의 후예'인 해군 제2함대 장병들을 대상으로 이순신의 안보 전략 리더십을 강의하면서 자긍심을 한껏 높였다.

　이제 네이버에서 내 이름과 이순신을 치면 언론 인터뷰, 서평, 강의 등 많은 자료가 나온다. 그러다 보니 나도 모르게 은연 중에 '이순신 연구가'라는 타이틀이 붙었다.

2년 전 전혀 예기치 못한 일이 일어났다. 이순신 장군의 피와 눈물의 백의종군 상황을 다룬 역사소설 『이순신의 항명: 광화문으로 진격하라』가 출간되면서 한국소설가협회 회원이 된 것이다. 어릴 적 꿈이 60대 후반 늦깎이 소설가로 실현된 것이다.

어느덧 이순신 장군을 공부한 지가 10년이 넘어 서재에는 이순신 관련 서적과 자료들이 차곡차곡 쌓여있다. 나는 첫 답사의 날을 떠올리면서 지나온 발자취를 반추해 보니 '참 잘한 선택이었다'는 생각이 든다.

한 지인은 "교수님, 이제 이순신 책 그만 좀 쓰이소"라고 채근한다.

"그럴까~"라고 말은 하지만, 나는 완결편을 쓸 요량으로 속으로 또 다른 구상을 하고 있는 중이다. 어린이용 이순신 소설일 수도 있고, 대미를 장식하는 평전일 수도 있을 것이다. 그때는 이순신 장군이 가장 오래 근무한 한산도 주변에서 집필을 했으면 한다. 통영은 박경리, 김춘수, 유치환, 김상옥 등 문인과 화가 전혁림, 음악가 윤이상 등 예술가들을 배출한 '예향(藝鄕)'이다. 또 시인 백석과 화가 이중섭의 흔적도 남아있는 곳이다. 무엇보다 충렬사에는 '달빛 시인' 이순신 장군이 계신 곳이기에 어떤 문학적

영감을 던져주시지 않으실까 기대해본다. 게다가 통영은 싱싱한 바닷고기가 지천으로 깔려 먹거리도 풍족한 곳이다.

도쿄 요리학교를 나온 아들이 일본인 여성과 결혼을 하게 됐다. "이순신 연구가가 일본 며느리를 얻었다니 좀 이상하지 않나?" 한 친구가 의아한 표정으로 말했다.

나는 "내가 공부하는 것은 항일이나 반일을 하자는 것이 아니고, 어떤 불의의 침략에 맞선 난세의 위인을 연구하는 것"이라면서 "이젠 지일, 극일한 상태에서 이웃끼리 서로 잘 지내는 것이 새로운 이순신 리더십이 아닐까"라고 말해 주었다.

통영 미륵도의 고 박경리 선생의 묘소를 참배하고 기념관에 들렀을 때 선생이 남긴 말이 기억난다.

"이순신 장군은 시대가 도달해야 할 인격의 전형이다." 그 인격 가운데 나는 장군의 선공후사 청렴성을 우선 꼽고 싶다. 예나 지금이나 부정부패한 탐관오리들이 득시글거리는 시대다. 오로지 청렴 하나로 초지일관했던 이순신 애민정신이야말로 무엇과도 바꿀 수 없는 값진 교훈일 것이다.

1582년 이순신이 고흥의 발포 수군만호(종4품)로 재직 중 군기경차관(합참 전시준비태세 점검자) 서익의 무고로 억울하게 파직되자, 류성룡은 이조판서인 율곡 이이와의 만남을 주선했다. 그러나 이순신은 "덕수 이씨로 같은 집안 사람(19촌 숙질간)이라 만날 수는 있지만, 인사를 담당하는 고위 관리를 만나는 것은 부적절하다"며 거절했다.

이 장면에 감동을 했던 나는 몇 년 전 국민권익위원회에서 청렴전문강사 모집에 주저없이 응모해 청렴연수원의 청렴전문강사 명단에 이름을 올렸다.

최근 대한언론인회 회장님의 전화가 왔다.

"나, 회장이요, 다음 달 현충사에서 이순신 관련 세미나를 하는데 발표자로 지목됐소. 제목은 '이순신의 소통 리더십' 언로(言路)야." 언론인의 메시지 전달은 간단하다.

며칠 후 부회장님이 또 전화를 했다.

"원고를 빨리 줘야 여기서 자료집도 만들고, 토론자들에게도 전해줘야 하고. 사진도 몇 장 넣자구."

"아, 네, 요즘 괜히 바쁘네요. 지방에 갈 일들도 생기고…."

"아니, 김 박사 정도면 하룻밤에 후딱 안 되나? 우리나라 최고 전문가인데."

나는 어느새 중앙 언론사 출신의 기라성 같은 선배들이 인정하는 이순신 전문가가 되어 있었다. 이순신 자료를 후딱 만들어 내는 선수로 아는 만큼, 명예와 자존심을 지키기 위해서 약속한 날보다 먼저 원고를 마감시켰다. 후유~ 전문가는 정말 힘든 직업이다.

〈인생의 사표(師表)를 찾아서〉 필자 소개

김동철

중앙일보 기자 출신으로 이순신에 관심을 갖고 연구해오고 있다. 교육학 박사이자, 한국소설가협회 회원이며 청렴연수원에 등록된 청렴교육 전문강사이기도 하다. 저서로는 『환생 이순신, 다시 쓰는 징비록』, 『우리가 꼭 한번 만나야 하는 이순신』, 『이순신 유적 답사기』 등이 있다.

'나의 브라보! 순간' 공모전 당선작

인생 2막의 변주곡

정슬

인생은 버라이어티 쇼다. 다만 그것이 마번 재미와 감동을 전해주는 쇼는 아니라는 거다. 내겐 의미있고 가치있는 삶을 살아야 한다는 강박이 있었다. 그것은 진학과 직장, 결혼과 입양, 이혼과 퇴직 등 인생의 중요한 결정적 순간마다 깊이 영향을 주었다.

어린 나이에 겪은 부모의 상실은 나보다 어려운 처지의 사람들을 돌보고 좋은 사람으로 살아야 한다는 부담을 갖게 했다. 스스로에게 의미있고 가치있는 삶을 살 것을 종용했다. 그로 인해 힘든 인생을 자처했고 오히려 외로운 삶을 살았다. 대학생활 내내 과외 아르바이트를 하며 학업과 생계를 병행하느라 매일 전전긍긍하면서도 몇 개의 후원을 멈추지 않았다.

젊은 시절에는 가진 것이 없어도 젊음, 그 자체로 견딜만 했다. 특수교사라는 직업도 나의 사명으로 여겼다. 유독 꿈이 많았던 아이는 싱글맘이 되어 양육과 가정경제를 책임져야 했고, 하고 싶은 것들은 미룰 수 밖에 없었다. 아이들이 성장한 후에는 안온한 삶을 기대했다. 그러나 인생은 그리 호락호락하지 않았다. 순탄치 않은 인생은 퇴직하면서부터가 진짜였다.

명예퇴직, 북카페&서점 운영과 책 출간

나의 인생 2막은 북카페&서점을 운영하며 어릴 적부터 꿈이었던 화가로서의 삶을 사는 것이었다. 특수교사로 21년간의 교직생활을 마감하고, 2018년 2월에 명예퇴직을 했다.

그해 봄, 오랜 로망이었던 북카페&서점을 오픈했다. 46세의 나이에 안정된 교직에서 나와 새로운 사업을 벌인다는 것은 누가 보더라도 무모해 보였다. 더군다나 나는 홀로 가정경제와 두 아이를 책임지고 있는 싱글맘이었다. 남들보다 이른 퇴직을 감행한 것은 교직에 첫 발을 내딛으며 스스로에게 한 약속이기도 했고, 한편으론 너무 늦지 않은 나이에 내 자신을 위해 살고 싶다는 이기심과 자신감이었다. 대학때부터 과외 아르바이트를 하며 경제적 자립을 했고, 가르치는 일에 25년을 매진했으면 충분하다고 생각했다.

설령 북카페 운영이 여의치 않더라도 다른 돈벌이를 할 수 있다는 자신감이 있었다. 북카페&서점을 오픈하기 전에 전국의 책방과 북까페를 돌아다녔고, 편집과 출판 강좌까지 수강했다. 나름 만반의 준비를 했으며, 퇴직 전 마지막 받은 교사 월급의 절반만 벌어도 후회하지 않겠다고 마음 먹었다.

북카페&서점은 복합문화공간으로서 문화충전소의 역할을 하며 서서히 입소문이 났다. 서울과 지방에서 수원의 구도심까지 찾아오는 사람들이 있을만큼 제법 유명해졌다. 커피 전문잡지인 『COFFEE&TEA』에 북카페 특집 기사로 실렸고, SBS 〈시사 스페셜〉 프로그램에도 나왔다. 쇼핑몰을 운영하거나 저예산 영화를 찍는 사람들, 연인들의 포토존이 되었다. 커피와 책만 판매한 것이 아니라 작가와의 만남, 영화상영, 독서모임, 워크숍, 음악 공연 등 다양한 문화행사를 기획했고, 북카페&서점의 소소한 일상을 기록한 에세이, 『당신에게도 낭만이 필요합니다』를 출간했다.

책 출간은 나의 '버킷리스트' 중 하나였으므로 뿌듯하고 행복했다. 그러나 북카페&서점을 홀로 운영한다는 것은 여러모로 녹록지 않은 일이었다. 교직이라는 비교적 안전한 울타리를 벗어나 야생과 같은 사회에서 여성 혼자 자영업을 한다는 것이 현실적으로도 쉽지 않았다. 커피와 책으로는 수익이 되지 않았고, 문화행사는 육체적으로나 심리적으로 많은 에너지가 소모될 뿐이었다. 공익사업이나 마찬가지였다. 겉으로 보기엔 단시일내에 성공한 것처럼 보였지만 재정적으로는 점점 속앓이를 하기 시작했다. 그러던 중 코로나라는 불가항력의 재난이 닥쳤다. 누가 예상이나 했겠는가. 세상을 만만히 본 댓가를 톡톡히 치뤘다.

사업 실패로 아파트까지 잃다

'코로나19'라는 불청객은 인생을 송두리째 흔들어 놓았다. 북카페는 폐업과 재개업을 반복했다. 오전에는 시간강사로 오후에는 카페 쥔장으로 눈코 뜰새 없이 바쁜 날들을 보냈지만 별로 도움이 되지 않았다. 소유하고 있던 아파트를 헐값에 급매로 처분했고, 매도하자마자 아파트 가격은 거의 두 배로 솟았다.

인생의 격랑 속에 있다 보면 판단력이 정지되는 순간이 있다.

내게 그 시기가 그랬다. 절박한 순간에는 중요한 결정을 하지 말아야 한다는 교훈을 얻었다. 경제적 타격도 컸지만 심리적으로 처참하게 무너졌다.

금방이라도 무너질 것 같은 낡은 아파트의 월세로 이사하며 서러운 일도 많이 겪었다. 눈물짓는 일이 일상다반사였다. 삶을 더 간소화해야만 했다. 두 개의 보험까지 해약하고, 세 군데의 후원을 해지했다. 후원은 내게 조금이나마 사회에 기여한다는 자긍심 내지는 삶의 의미였다. 경제적으로 힘든 고비에서도 카드 대출을 받을지언정 모질게 이어왔기에 무력감은 눈덩이처럼 커졌다.

북카페의 폐업과 사람에 대한 상처, 그리고 아파트 급매 처분으로 인한 자산의 큰 손실… 연이은 불행으로 인해 자존감은 바닥을 쳤고, 우울과 고통에 깊이 잠식당했다. 삶에 대한 배신감과 억울한 감정은 무참히 나를 짓밟았다. 위기의 순간에는 자신감과 안정감이 사라진다. 대신 자신의 약한 부분을 집요하게 바라보게 된다. 눈물 마르지 않는 불면의 날들을 보냈고, 급기야 대인기피 증상까지 생겼다.

새로운 도전, 상담교사

　연이어 힘든 일들을 겪으면서 생과 사의 거리가 그리 멀지 않다고 생각했다. 그 순간 나를 살린 건 사랑도 희망도 아닌 책임감이었다. 엄마없는 아이들이 살며 겪게 될 아픔을 누구보다 더 잘 알기 때문이다. 잠깐의 숨돌릴 틈없이 생활전선으로 뛰어들어야 했다. 오스카상을 받은 여배우가 한 말처럼, 자식과 생계를 책임져야 하는 것보다 더 큰 이유는 없었다.

　퇴직 전의 특수교사로 다시 돌아간다는 것은 왠지 실패자가 된 느낌이었다. 새로운 도전을 하기로 했다. 상담교사 자격증이 있었던 나는 교육지원청의 기간제 상담교사에 지원을 했고, 운 좋게 합격했다. 불행 중 다행이었다. 다만 내 자신의 정서적 상태가 상담자로서 내담자를 만날 때 방해가 되지 않을까 염려가 되었다. 불안한 내게 '자신의 모든 문제를 해결하고 완전히 성숙한 다음에 상담자가 된다는 것은 불가능하다'는 말이 위안이 되었고, 스스로 합리화했다.

　교직에 20년 넘게 있었으니 학생상담과 부모상담이 낯설지는 않았다. 전문상담교사로서 상담 회기가 늘어날수록 점차 변화되는 내담자를 목도하는 일은 실로 보람된 경험이었다.

나는 마음을 다룬 책들을 기꺼이 찾아 읽었고, 독서심리상담사 자격증을 취득했다. 속도를 늦추고 외로운 시간들에 머물렀다. 스스로의 한계를 수용하고, 인생의 겨울이 영원히 계속되는 것이 아님을 인식하고 나니 조금은 덤덤하게 상황을 바라볼 수 있었다. '자기알아차림'과 '자기성찰', 그리고 '자기돌봄'의 시간을 가지며 생채기 난 마음을 점차 보듬을 수 있었다.

그리고 가벼운 산책부터 시작했다. 운동을 하고 좋은 책과 음악을 가까이하고 좋은 사람들을 만났다. 여행작가학교에 등록했고, 온라인 강의를 들으며 오일파스텔 그림을 처음 그렸다. 몸과 마음을 가꾸고 에너지를 채우다 보면 이전의 나로 돌아갈 수 있을 것 같았다. 내면이 단단하여 좌고우면하지 않는, 내향인이지만 사교성이 있는 나로 다시 태어나고 싶었다. 그렇게 어둡고 긴 터널에서 서서히 빠져나올 준비를 하고 있었다. 식물의 성장에 광합성이 중요하듯 사람의 마음에도 때때로 광합성이 필요했다.

암 걸리지 않아 다행인 한옥 집짓기

북카페 폐업 후 기간제 교사로 새출발을 했으나 남아있는 과제를 해결해야 했다. 교직을 떠나면서 수원 화성 인근에 명예퇴직금으로 구입한 24평의 작은 땅이 있었다. 원래 이 땅에 한옥을 지어 북카페를 하려고 했던 곳이다.

인생이 어디 뜻대로만 흘러가던가? 카페의 입지로 적절하지 않아 다른 건물을 임대하여 북카페&서점을 오픈했던 것이다. 북카페&서점과 아파트도 사라지고 남은 건 애물단지가 된 작은 땅과 집을 짓기엔 턱없이 부족한 돈뿐이었다. 땅을 팔아 전세금이라도 마련할 요량이었지만 집을 짓기에도 작은 땅이다 보니 매매가 되지 않았다.

이러지도 저러지도 못하는 진퇴양난의 상황에 처했다. 월세를 전전하던 나로선 그 땅에 한옥을 지어 사는 것 외에 다른 방도가 없었다. 처음에는 지하가 있는 2층의 미니한옥을 지을 계획이었다. 지하층(16평)과 1층(8평)은 상업공간으로 사용하고, 2층은 작업실로 사용할 생각이었다. 건축자금이 부족하여 본래 계획을 수정해야만 했다. 지하층을 포기하고 수원시의 한옥지원금과 은행 대출로 비용을 일부 충당하면 가능성이 보였다. 계획대로 순조로웠다면.

사회는 월세 세입자로 사는 기간제 교사를 신뢰하지 않았다. 지금까지 나와 가족을 지탱해 온 것은 안정된 직장과 내 소유의 집이었다. 은행 대출을 받을 수 없는 처지였다. 삶에 대한 자신감과 자긍심, 긍정적 태도와 에너지가 나의 능력이나 총명함에서 비롯된 것이 아니었음을 깨달았다.

엄혹한 현실 앞에서 나를 믿고 기회를 줄 '단 한 사람'이 없다는 것이 무엇보다 슬펐다. 지금껏 부단히 노력한 삶이 통째로 부정당하는 느낌이었다. 한옥은 은행 대출이 막히면서 짓기 전부터 난관에 부딪혔다. 불안불안한 한옥 건축이 시작되었다.

집을 짓는 일은 고되고 험난한 길의 연속이었다. 설계와 시공 과정에서 별의별 일이 다 생겼고 몇 번이나 중단하게 되었다. 한옥지원금 신청서류, 극단적인 날씨, 레미콘 파동, 자재 조달, 도시가스 인입, 자금 부족 등 중단의 이유는 열손가락이 부족할 정도였다.

사람들로 인해 눈물로 점철된 밤을 보냈다. 집을 지으며 스트레스로 암에 걸린 지인도 보았고, 대궐같은 집을 짓고 나서 기뻐할 겨를도 없이 돌아가신 분 이야기도 들었다. 집 짓고 나서 암에 걸리고, 심지어 죽기까지 했다는 이야기가 괜한 농이 아니었다. 혼자 집을 짓기로 마음먹고는 수없이 '마음을 내려놓자'를 되뇌었다. 긍정마인드를 장착했다고 생각했지만 각종 이유로 공사가 중단될 때마다 어쩔 수 없이 불안이 엄습해왔다.

누군가 '집은 돈으로 짓는다'라고 하던데, 그 말의 의미를 뼛속 깊이 느꼈다. 사람 때문에 힘들었다고 하지만, 엄밀히 따지면 돈 때문이기도 했다. 적어도 건축에서는 금전적 여유가 있다면 사람의 일도 어렵지 않게 해결되는 경우가 많기 때문이다. 좋은 건축가를 놓친 것도, 감리자를 따로 두지 못한 것도, 계약서상엔 건축주가 갑이지만 실제론 을이 될 수밖에 없었던 것도 모두 돈 때문이었다. 세상의 일이라는 게 그렇다. 금전적 여유가 없으면 선택의 기준이 돈이 된다.

많은 이들이 속도 모른 채 한옥 짓는 나를 부러워했다. 아마 속으로 삼킨 숱한 말과 눈물이 한강으로 흘렀으면 강남 일대에 홍수가 났을 것이다. 6개월이면 완공된다는 한옥은 장장 2년 6개월이 걸렸다. 집 짓다가 암 걸리지 않아 다행이다(실제로는 작년에 받은 건강검진에서 몸 속 세 군데에 염증 덩어리가 여럿 발견되어 추적 관리 중이다).

한옥살이, 그리고 '한옥스테이 달봄'의 쥔장이 되다

눈물의 한옥 건축이 막바지에 이르렀을 때, 지금의 남편을 만났다. 곁에 '남의 편'이 아닌 '내 편'이 생겼다. 늘 모든 일을 홀로 감내해야 했던 내겐 낯선 안정감이었다. 지금껏 살면서 처음 느껴보는 감정이었다.

한옥 이름은 '달봄'으로 지었다. 한옥 외관에 둥근창이 있어 달을 연상시키기도 하고, '달을 보다'라는 의미도 있다. 또 '달봄'에 머무르는 동안 달콤한 봄 같기를 바라는 마음을 담았다.

애초에 북카페를 하려고 했던 한옥은 두 아이의 독립 후 혼자 살기 위해 지었으나 남편을 만나 다시 용도 변경을 하게 되었다. 꿈 같았던 짧은 한옥살이를 뒤로하고 한옥스테이를 하기로 했다. 다달이 나가는 대출금도 갚아야 하고, 평생 미뤘던 꿈인 그림을 그릴려면 재료값도 벌어야 했다.

한옥 달봄은 2층의 아담한 독채한옥으로 1층은 카페, 2층은 서재 컨셉으로 꾸몄다. 카페와 서재를 통째로 빌리는 셈이다. 솔향기 그윽한 한옥에서 안온한 쉼을 얻기를 바라는 마음으로 한 팀의 소수 인원만 받는다. 비대면 운영이 원칙이지만 한옥 달봄을 방문한 손님들의 표정과 반응을 보고 싶어 직접 손님을 맞이

하고 있다. 흔히들 경험자들은 숙박업을 청소업이라고 말한다. 한옥을 방문하는 모든 분들의 행복충전소가 되길 바라는 마음으로 오늘도 갈고 닦는다. 한옥 달봄은 현직 특수교사와 미성년 자녀를 둔 싱글맘에게 50%의 특별할인을 실시하고 있다. 같은 길을 걸어온 선배로서 응원하고 싶은 마음이다.

꿈을 향한 끝없는 도전, 화가의 길

일곱남매 중 막내였던 나는 유독 꿈이 많은 아이였다. 장래희망 중 하나가 화가였고, 어린 나이에도 홍대 미대나 서울대 미대를 가야겠다고 마음먹었다. 학창시절에 미술부를 했고, 도단위 미술대회에 나가 상도 받은 적이 있었다. 초등학교 2학년이 막 되었을 때 아버지가 돌연 심근경색으로 돌아가셨고, 중학교 1학년때 엄마마저 암으로 떠나셨다. 현실을 직시한 나는 일찌감치 화가의 꿈을 접었다.

인생의 험로를 지나 반백이 넘은 나이에 화가의 꿈에 다시 도전하게 되었다. 홍익대학교 미술교육원을 다니며 화실에서 그림을 그렸다. 지난 겨울에는 코엑스에서 그룹전에 참여했고, 봄에는 첫 공모전인 '대한민국 종합예술대전'에 그림을 출품하여 최우수상을 수상했다. 수상작품은 예술의 전당 한가람미술관에서 전시했다. 벅찬 감격에 눈물이 났다. 비로소 어렸을 때의 꿈을 이룬 셈이다. 본격적으로 그림을 그리기 시작한 지 겨우 일년 남짓 지났을 뿐인데, 과분한 성과다. 오래 숙성된 고급 와인처럼 글이나 그림도 많은 시간이 켜켜이 쌓여야 비로소 진가가 드러난다. 초보작가에게 준 큰 상을 격려와 응원의 의미로 받아들이기로 했다. 내년 봄에는 인사동 '경인미술관'에서 개인전을 연다. 벌써부터 가슴이 설렌다.

인생의 무대에서는 끝날 때까지 끝난 게 아니다

남들보다 일찍 인생의 고달픔과 쓴맛을 보았다. 순진하게도 중년 이후에는 '화양연화'의 삶이 기다릴 거라고 생각했다. 불행이 쓰나미처럼 밀려왔고, 그 상흔은 쉬이 아물지 않았다. 내 삶은 겉으로 보기엔 용감하고 때로 대단해 보이기도 했지만, 자주 고단했고 순탄치 않았다.

자책하고 깊은 회한의 늪에서 허우적거렸지만, 결국 버텨냈고 일어섰다. 혹독한 겨울을 살아낼 방법들을 찾기까지 긴 시간이 걸렸다. 초년의 결핍은 나를 성취동기가 높고 실행력 갑인 사람으로 이끌었다. 늘 배우고 익히는 것을 즐겼으며, 새로운 도전을 마다하지 않았다. 한 우물보다는 여러 개의 우물을 팠다. 이런 성향은 삶을 더 고단하게 한 요인이기도 했지만, 오히려 인생을 더 풍요롭게 만들어 주었다. 중년의 나이에도 무엇이든 할 수 있다는 용기를 갖게 했다. 그냥 이루어진 것은 아무것도 없었다.

나이 오십에 들어서며 롤러코스터 같은 인생도 서서히 평온을 되찾기 시작했다. 모든 선택이 해피하게 흘렀다면 아마 나는 인생 예찬론자가 되었을 것이다. 살다보면 누구나 인생의 겨울을 피할순 없다. 봄의 새싹도 차가운 눈보라를 무릅쓰고 있는 힘을 다해 꽁꽁 언 땅을 뚫고 나왔을 것이다. 많은 날들이 있었고, 기어코 봄이 온 것이다. 온 몸으로 견디며 살아낸 많은 날들이 쌓여서 마침내 따스한 봄날이 왔을 것이다. 자연의 이치다.

인생 2막에 실패했다고 좌절할 뻔 했다. 그토록 모질게만 느꼈던 시간도 흘러 지나갔다. 삶에 지쳐 잠시 물러나 있더라도 좌절할 필요는 없다는 것을 이제는 안다. 현재는 늘 괴롭지만, 마음은 미래에 살 수 있다. 푸시킨의 시, '삶이 그대를 속일지라도'를 속으로 읊으면서 마음에 위안을 받기도 했다.

이제 100세 시대를 넘어 120세 시대라고 한다. 인생 2막이 끝이 아니라 인생 3막, 4막도 있다. 인생의 무대에서는 끝날 때까지 끝난 게 아니다. 류시화 시인은 '좋은지 나쁜지 누가 아는가'라고 했다. 비바람 뒤에야 무지개가 뜨듯이 삶의 여정에서 막힌 길은 또 하나의 계시일 수 있다는 것이다. 돌아보니 내 삶이 그랬다. 다시 어느 힘든 인생의 순간과 맞닥뜨릴 때 마음 속 무지개를 슬며시 꺼내어 볼 것이다. 북아메리카에서 유일하게 문자를 가진 인디언, 체로키 부족의 축복 기도 중 마지막 구절이다.

"그대 어깨에 늘 무지개가 뜨기를!"

〈인생 2막의 변주곡〉 필자 소개

정슬
초등특수 정교사로 근무하며 단국대학교 교육대학원에서 미술교육학으로 석사 학위를 받았다. 북카페 및 서점 '헤세처럼'의 대표를 거쳐 현재 한옥스테이 '달봄'의 대표를 맡고 있다. 저서 『당신에게도 낭만이 필요합니다』와 공저 『내 삶에 스며든 헤세』가 있으며 '대한민국 종합예술대전'에서 최우수상과 우수상을 수상했다.

'나의 브라보! 순간' 공모전 당선작

별을 향하여

전군표

지인으로부터 응모를 권유받고서 많이 망설였다. 나의 삶이 브라보를 외칠 만큼 멋지거나 이룩한 것이 많다고 생각하지 않았기 때문이다. 아침 공부하는 모임의 구호를 좋아하는데 "*Per Aspera Ad Astra*(고통을 넘어서 별을 향하여)"이다. 나 스스로 죽을 만큼 고통의 시간을 넘어 지금의 시간에 이르렀으므로 이 시대를 열심히 살아가는 중노년 세대들과 그 과정을 공유하는 것도 충분히 뜻이 있을 것 같아 써보기로 하였다.

2021년 소설 『효옥』 출간

차라리 죽음을 택하려 했을 정도로 어려운 시간을 겪었을 때 그 유혹을 이겨내기 위해 무언가에 몰두해야만 했는데, 그때 오래된 숙제가 생각이 났다.

30여 년 전 우연한 기회에 좋은 친구와 영월의 청령포를 가본 적이 있었다. 는개가 자욱한 날, 거룻배를 타고 깊고 유장한 강을 건너 청령포에 들어갔다. 오백 년 전에 스러져 간 어린 임금과 젊은 충신들의 피눈물이 는개처럼 내리는 듯하였다. 낙락장송은 말없이 서 있는데 육백년 전 선조들의 한이 는개처럼 서린 듯 무언가 가슴이 뭉클해서 눈물이 날 것 같았다. 강 건너 감자밭에 동동주를 파는 천막집에서 통음하였다. 언젠가 이곳에서 죽음으로 내몰린 어린 단종과 그를 지키려고 목숨을 던진 사육신, 그리고 수양의 얘기를 써 보리라 다짐했다.

과연 조카뿐만 아니라 수많은 충신들을 척살하고 권력을 차지한 세력들에게 어떤 역사적 당위성이 있는지 확인해보고 싶었다.

그러나 바쁘고 힘든 공직 생활 가운데 글쓰기는 엄두조차 내기 어려웠다. 일선 기관장 2년 정도를 제외하고는 본청과 청와

대, 대통령직 인수위원회 같은 어려운 자리에서 일하면서 주어진 직분을 다하기에도 벅찼다.

　이제 그 숙제에 몰두할 수 있는 시간이 주어졌으므로 자료를 모으고 연필로 한 줄씩 한 줄씩 써나가기 시작하였다. 편지 한 장 쓰기도 싫어하는데 글쓰기는 쉽지 않았다. 어릴 적 글짓기로 백일장에서 상을 받은 기억 외에는 따로 소설을 쓴 적도 없고, 역사학자도 아니므로 당연히 힘이 들었지만 자료를 수집하고 여러 책들과 조선왕조실록을 읽으면서 나 스스로 깊이 빠져들 수 있었다.

　이긴 자들 편에서 쓰여진 기록들을 넘어서서 야사와 전래된 이야기들을 많이 찾아보고 숨겨진 진실을 밝혀내려고 애썼다. 소설이지만 엄정한 역사적 사실에 터 잡아 쓰려니 더 힘들었다. 무엇보다 실록을 읽으면서 단 한줄의 기톡에서 성삼문의 딸 '효옥'이라는 실존 인물을 만날 수 있었다. 조선 초기 최고의 명문가의 어린 딸이 노비로 전락하는 상황이 너무 마음이 아파 잠을 이루기 어려웠다. 재위 15개월 만에 의문사한 수양의 아들 예종의 이야기도 찾을 수 있었다. 그 시대의 역사에 대한 평설 형식의 글과 '효옥'을 주인공으로 한 소설을 동시에 써나갔다.

　중간중간 쉬기도 하고 포기하려고 손을 놓기도 하면서 거의

6년의 시간이 걸렸다. 몇 번이나 포기하려 하다가도 연필로 써 놓은 수 백여 장의 글들이 아까워서 다시 시작하기를 여러 차례 거듭했다. 유명 베스트셀러 작가들의 책을 많이 내는 문학전문 출판사는 역사평설보다는 당연히 소설 『효옥』을 출판하자고 했다. 유명한 출판사에서 처음 소설을 낸 작가의 책을 출판해 주는 것도 고마운데 계약금을 주기에 나중에 책이 많이 팔려서 인세가 나오게 되면 같이 받기로 하고 사양했다. 출판사의 손익분기점이 걱정되었기 때문이다.

출판사에 원고가 넘어가고도 출판까지 무려 2년여가 걸렸다. 책 500쪽 분량의 원고를 300쪽 분량 내외로 줄여달라는 요구에 다투기도 하고 출판을 포기할 생각도 많이 했다. 분량을 줄여가는 그 시간이 끝도 없는 수정과 퇴고의 시간이 되었다.

출판사 대표가 "두꺼운 벽돌 책은 서점 서가에 꽂히지도 않는다"고 독려하였지만, 내가 쓴 글을 통째로 줄이는 과정은 나의 손발을 자르는 것처럼 아까웠다. 결과적으로는 그 과정이 책의 완성도를 높여가는 시간이 되었다.

2021년 책이 출판되고 한때 베스트셀러 반열에 오르면서 교보문고에 별도 소설 매대가 만들어졌다. 유명 작가들도 단독 매대가 만들어지기 어렵다는 출판사의 격려에 힘든 시간을 잊을 수 있었다. 손녀들이 소설을 들고 단독 매대 앞에서 찍은 기념사진은 오래도록 자랑스러웠다.

2024년에는 '제1회 이윤기문학상'을 받았다. 오래 전부터 한글을 가장 잘 구사하는 작가로 존경했던 분의 문학상은 과분하다고 진심 사양했지만 스스로 뿌듯하고 자랑스러웠다.

여러 미디어와 인터뷰가 있었다. 그중에 서울대 국문과 출신이자 현직 시인인 기자가 "인터뷰를 위해 잠깐 책을 잡았다가 새벽까지 다 읽었다. 놀랍고 대단하다. 무엇보다 소설 '효옥'의 성취는 문장력이다. 필력이 준엄하고 단어가 적확하다. 언젠가부터 고위직 공무원이 은퇴 후 소설을 쓰는 일이 유행처럼 번져왔는데 '효옥'은 그 편견을 부순다. 소일거리로 써 본 소설이 아님이 느껴진다"고 큰 지면을 할애하여 격려해 준 것이 너무 고마웠다(매일경제 2024. 9. 2.). 적확한 단어를 찾기 위해 국어사전을 두 번이나 통독했던 수고로움도 감미로운 기억이 되었다. 이 기자는 노벨상 수상 작가 한강을 인터뷰하여 기자상을 받은 사람이다.

영화나 드라마로 제작되었으면 좋겠다고 여러분이 말씀하셨다. 그렇게 되기를 희망하고 몇 군데서 얘기는 있었지만, 아직 결정된 것은 없다. 미디어 콘텐츠가 넘쳐나는 시대에 평생 공직에 종사했던 사람의 첫 소설을 읽어주시고 박수 쳐주는 분들에게 고마울 따름이다.

좋은 소설을 더 써보라는 권유나 후속작을 기대한다는 격려를 많이 받지만 인터뷰에서 얘기했던 대로 "생전에 단 한 권의 책만 내더라도 결코 부끄럽지 않은 작품을 써야 한다"는 저만의 신념을 지키는 가운데서 새로운 작품을 끊임없이 모색하고 있다.

2023년 자전거 국토종주 그랜드슬램

소설 『효옥』이 출간되고 여러 일간지들에 소개가 되고 SBS와 월간지 신동아 등 매체와 인터뷰하는 등 바쁘게 지내면서 건강이 전과 다르다고 느껴지기 시작했다. 건강을 위해 아침마다 산책을 하다 보니 조금 지루하다고 느껴질 때 즈음 산책길에서 자전거 타는 사람들이 눈에 들어왔다.

마침 같이 산책하던 후배가 자기가 타던 중고 자전거를 타보라고 주었다. 동네 가까운 자전거길에서 조금씩 타면서 빠져들기 시작하였다.

자전거로 다치는 사고도 많고 워낙 늦은 나이에 시작한다고 하니 집사람이나 주변의 걱정과 만류가 많았다. 그러나 자전거 라이딩이 주는 신세계 같은 자유로움도 너무 좋았고 차츰 체력이 붙는 느낌까지 들면서 조금씩 더 멀리 라이딩하게 되었다. 무엇보다 안전을 위해서 주로 자전거길에서만 타면서도 더 먼 곳으로 가고 싶었다.

체력이 자신이 없어 고심하다가 전기자전거를 장만하였다. PAS 방식이라 힘들 때 특히 오르막에서 전기의 도움을 받는다. 차차 재미를 느낄 때 전국 자전거길을 7번이나 종주한 지인 한 분과 17년 정도 자전거를 탄 고수와 함께 7~8명의 라이딩 모임을 만들었다. 낯선 길, 먼 곳으로 나서기어 혼자서는 자신이 없었기 때문이다. 이때 자전거 고수가 "일반 자전거로 충분히 탈 수 있다"는 격려에 큰 마음먹고 자전거를 새로 장만한 뒤에는 전기자전거를 한 번도 타지 않았다. 물론 젊은이들이 좋아하는 드롭바의 로드 자전거가 아닌 일자형 하이브리드 자전거이다. 멀리 가지 않을때는 혼자서 분당, 과천, 청계산 여의천 길을 많이 탄다. 특히 여의천길은 서울 시내답지 않게 개울물가를 따라 청계산 입구까지 호젓하게 달릴 수 있다.

자전거 동호인들은 전국 자전거길을 이명박 대통령의 최고 치적으로 손꼽는다. 우리나라 자전거길은 각 자치단체의 노력이 보태어져서 비교적 잘 정비되어 있다.

  2,000km가 넘는 전국 자전거길에는 120여 개의 인증센터가 있어서 한두 개 도장을 찍다 보니 전국 도장깨기 의욕이 불타올랐다. 보통 먼곳으로 가서 일박이일 또는 이박삼일 라이딩을 하면서도 체력을 감안하여 하루 70~80km 이상은 타지 않았다.

  춘천에서 시작한 북한강 자전거길은 그야말로 '죽기 전에 가봐야 할' 아름다운 곳이다. 경북 영덕에서 시작해서 7번 국도를 따라 고성 통일전망대까지 올라가는 동해안 라이딩은 낙타등처럼 오르막 내리막이 많아서 힘든 도전이었다. 한두 군데서는 내려서 끌고 언덕을 넘었다. 그러나 바다는 물감을 뿌린 듯 새파랗고 2월 말 즈음의 먼 산에는 하얀 눈이 녹지 않아 비길 데 없이 아름다웠다.

  제주도 환상 자전거길은 말 그대로 제주도를 한 바퀴 도는 환상(fantastic과 ring shaped의 중의적 표현일 것이다)의 길이었다. 용두암을 출발하여 4박 5일간 천천히 돌았는데, 특히 제주 동쪽 해안 풍경은 외국 어느 곳 못지않았다. 경치 좋은 곳에는 꼭 좋은 카페가 자리 잡고 있었으므로 커피 한 잔씩 즐기며 느긋한 라이딩을 마쳤다.

  금강 자전거길, 오천 자전거길, 영산강 자전거길까지 모두 바

다나 강을 끼고 있어서 상선약수(上善若水)라는 교훈과 함께 물을 좋아하는 나에게는 라이딩 자체가 힐링이었다.

강변의 갈대숲은 깊고 따뜻했으며, 강물은 소리 없이 유장하였다. 주마간산이라는 말대로 차를 타거나 걸어서는 보기 어려운 풍경들이다. 우리 산하의 속살을 만지는 듯 감미로웠다.

힘이 들었지만 나의 두 발로, 나의 끓는 피로, 나의 두근거리는 가슴으로 바람을 가르며 우리 강산의 산하 속으로 조금씩 나아가서 스스로 하나가 된 듯하였다. 빠르다거나 늦다거나 위험하다거나 하는 것은 이미 논의의 차원이 아니었다. 시골의 조용한 길에서는 자전거용 블루투스를 켜고 바람 소리와 음악을 함께 즐겼다. 먼 소실점을 향해 페달을 저어 마냥 달리면 스치는 바람은 너무도 상쾌하고 나는 어느덧 소실점의 가운데 자연 속으로 스며들어 있었다. 산과 강과 물과 바람에다가 음악까지 하나 된 것 같은 일체감과 몰아의 경지가 나를 한껏 고양시켜 주었다.

봄 여름 가을 겨울 사계마다 다른 모습으로 다가오는 강과 산하가 나를 불렀다. 담양부터 광주 외곽 길 내내 어른 키보다 더 큰 억새밭은 거의 영산강 하구까지 이어졌다. 섬진강 자전거길은 양장구곡처럼 휘어진 곳이 많으니 물길은 느리고 조용하였다. 구례 하동으로 이어지는 섬진강 벚꽃길은 언제나 아름답지만 화려하지 않아서 더 좋았다. 경기도 개군, 양평, 이포로 이어지는 벚꽃길은 환상처럼 아름다웠다.

자전거길 국토종주의 그야말로 난관은 문경새재였다. 백두대간 이화령을 넘어야 상주를 지나 낙동강으로, 부산으로 갈 수 있다.

수안보에서 오르막을 겨우 넘어 괴산 쪽 행촌 교차로에서 바라보는 이화령 정상은 구름에 쌓여 있어서 출발점에서 올려다보니 저 산 정상까지 자전거를 타고 오른다는 게 도저히 자신이 없었다. 7~10도의 오르막 경사가 5.4km 계속되니 심장이나 허벅지가 터질 것처럼 벅찼지만 일단 천천히, 두 번이나 쉬면서 꾸준히 올랐다.

우리들의 삶과 마찬가지로 힘겨운 오르막은 정상과 함께 내리막도 예정하고 있다. 오르막에선 고개 숙이고 참고 견디어내고, 오히려 내리막에서 좀 더 조심하면서 즐길 뿐이다. 정상에서는 감개무량함으로 가슴이 벅찼다. 내리막을 타면서 여기를 어찌, 자전거로 올라왔는지 대견하였다. 도반 한 분은 미니벨로를 타고 여기까지 올랐으니 감탄할 뿐이었다.

낙동강 하구 부산까지는 5명이 시작해서 3명만 끝까지 갈 수 있었다. 한 분은 구미 즈음에서 피할 수 없었던 비와 추위로 감기에 걸렸고, 한 분은 다른 일정으로 중도 귀환했다.

2023년 11월 18일 합천 창녕에서 눈 내린 길을 조심스럽게 달리기 시작해서 밀양 삼랑진, 양산을 지나 낙조가 장엄한 낙동강 하구를 벅찬 가슴으로 바라보면서 부산까지 달렸다. 어둑어둑 해질 무렵 전국 종주길 마지막인 낙동강 하굿둑 인증센터에서 감격의 마지막 인증도장을 찍었다. 길을 잘 안내해준 분께 허리 깊숙이 숙여 진심의 감사 인사를 했다. 이렇게 2,341km 자전거길 국토종주 그랜드슬램을 달성했다.

라이딩 할때는 속상한 일이나 걱정되는 일도 차분하게 생각할 수 있다. 같이 라이딩하는 분들의 공통된 경험이다. 어차피 세상사 어려운 일이나 치밀어 오르는 분노 같은 것도 스쳐지나가는 바람처럼 시간이 지나면 그냥저냥 해결 되어지는 경우가 많은 듯 하다.

처음 시작할 때는 과천까지 왕복 20km도 힘겨워했다. 자전거 동호인들이 가볍게 넘는 아이유 고개는 두 번이나 실패하고 세 번째에야 넘을 수 있을 정도로 저질 체력이었다. 그럼에도 칠십 나이에 국토종주를 마쳤으니 스스로 기적처럼 기뻤다. 같이 라이딩을 시작한 두세 분은 자전거의 세계로 이끌어주셔서 진심 감사하다고 인사한다.

은퇴 후 삶의 질은 무엇보다 건강이 좌우하는 듯 하다. 그래서 다른 분들에게도 자전거를 권하고 싶다.

일과 공부, 그리고 서예·바둑·골프·당구

많이 벌어놓은 재산이 없으니 나름 일은 계속해야 하지만 젊은 시절과는 달리 한가롭게, 생활비 버는 정도, 소일거리로 사무실은 가끔 나가야 한다. 다행히 30여 년 공직에서 일했던 경험으로 사건의 전말과 구제 가능성을 빨리 판단하고 해결 방안을 나름대로 제시할 수 있으니 일이 생기면 젊은 세무사나 변호사에게 자문·지도 역할을 하며 어려운 일도 많이 해결할 수 있었다.

일주일에 한두 번 아침 일찍 조찬을 하거나 Zoom으로 공부하는 모임이 있는데 커리큘럼이 좋아서 많은 도움이 되고 있다. 동서양 역사, 인문학, 최근의 경제 동향이나 AI까지 최고의 전문가 강사진에다가, 주제가 시의적절하고 다양해서 지식과 감각을 새로이 하는데 많은 도움이 된다.

늦은 나이에 무슨 공부냐고 하지만 특히 나보다 더 바쁜 CEO들이나 더 나이 많은 분들이 새벽 일찍 모여 강의에 열중하는 걸

보면 스스로에 대한 독려도 된다.

　서예는 소설을 쓰기 시작할 때부터 배우기 시작하여 전국 서예대전에서 입선도 해보았지만, 명필이라기보다는 가끔 뜻이 좋은 글귀를 써보는 것으로 만족하고 있다.

　바둑은 오래전에 한국기원에서 아마 5단증을 받았는데, 인터넷 바둑에서 6단 정도를 가끔 둔다.

　최근에는 당구 잘 치는 고교동기들 모임에 나가기 시작했는데 너무 재미있어서 늦게 시작한 게 다행이라고 느낀다. 더 일찍 시작했으면 다른 일을 아무것도 못 했지 싶다.

　골프도 좋아하지만, 비용 때문이거나 건강 때문에 주변에 골프 치는 친구들도 줄어들고 있어서 가끔씩 바람 쐬는 정도로 즐길 뿐이다.

편안함에 이르렀느냐?

　브라보 마이 라이프를 외치기에는 스스로 많이 부족하지만, 숫자만 다루는 공직에서 평생을 보냈고 편지글도 쓰기 싫어하는 사람이 베스트셀러가 된 소설책을 썼다거나, 처음에 전기자전거로 시작하고 아이유 고개도 못 넘던 사람이 나이 칠십에 국토 종주 그랜드슬램을 달성했으니 누구라도 해볼 수 있는 도전이라고 권하고 싶어 이 글을 쓰기로 했다.

햇빛만 있다면 세상이 사막이 된다는 말처럼 비바람 불고 폭풍우 치는 날도 우리의 일상이라고 받아들일 수 있는 나이가 되었다.

아직도 별을 향하여 하루하루 바쁘고 부지런하게 살고 있지만 어느 때보다 은퇴 후의 편안한 날들이라 감사하고 있다.

어느 드라마 대사처럼 "편안함에 이르렀느냐?"라는 물음에 이제 담담하게 미소 지어본다. '笑而不答心自閑(소이부답심자한)'이라는 이백(李白)의 시구처럼.

〈별을 향하여〉 필자 소개

전군표
행정고시에 합격하고 재무부에서 공직 생활을 시작하여 국세청 조사국장과 차장을 거쳐 국세청장을 역임했다. 은퇴 후 2021년 소설 『효옥』을 출간하고 '이윤기문학상', '이태원문학상'을 수상했다. 현재 광교세무법인에 근무 중이며 틈틈이 글을 쓰고 자전거 라이딩을 즐긴다.

'나의 브라보! 순간' 공모전 당선작

덤으로 사는 인생

김진숙

살면서 나의 노력이나 의지로 해결할 수 없는 것 중 하나가 건강이었다.

2021년 10월 30일,
내가 살아온 인생 중 그 어떤 날보다 잊을 수 없는 날…
코로나가 한창이던 2021년 여름.
7월 6일 1차 코로나 예방 접종을 했고, 3주 뒤인 7월 27일 2차 코로나 예방 접종을 했다.
그러고는 1~2주 후부터 나의 왼쪽 윗눈이 서서히 꺼지기 시작했다. 고민 끝에 성형외과를 방문해 상안검 수술을 했다. 그

후 서서히 수술받은 왼쪽의 눈이 감기고, 사시가 오기 시작했다.

이번에는 안과를 가서 여러 검사를 진행했는데, 본래 사시가 없던 사람이더라도 사시가 올 수 있다며 경과를 지켜보자고 하셨다.

그러나, 사시만 온 것이 아니라 언젠가부터 얼굴의 왼쪽 부위가 마취한 것처럼 감각이 느껴지지 않게 되었다. 정말 얼굴을 딱 반으로 갈라놓은 것처럼 얼굴의 반쪽만 감각을 느낄 수가 없었다. 입술, 잇몸, 혀까지 왼쪽 얼굴 모두 감각을 잃어갔다.

여러 군데를 알아보다가 2021년 9월 24일 신경과를 추천받아 진료를 받았는데, '중증근무력증'이라 진단을 받아 스테로이드를 복용하기 시작하였다.

스테로이드 복용 후 일주일 정도는 살짝 효과가 있는 듯했다. 하지만 그마저도 얼마 지나지 않아 다시 증상이 똑같아졌고, 걱정되는 마음에 의사에게 CT나 MRI 검사라도 해봤으면 좋겠다는 건의를 여러 번 드렸다.

신경과 의사는 검사를 할 필요가 없다고 하며 나의 의견을 무시한 채 그렇게 두어 달이 지나게 되었다.

그럼에도 내가 왼쪽 눈을 전혀 뜨지 못하니, 결국 2021년 10월 30일 소견서를 써주며 CT를 찍어보라고 했다.

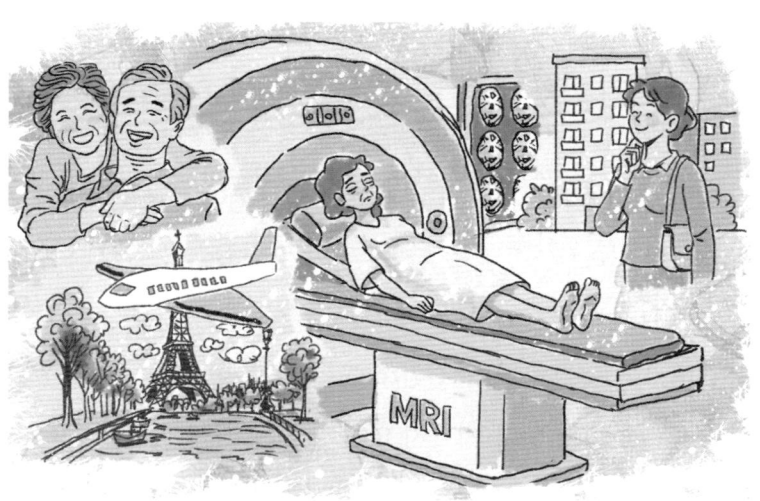

토요일이었던 그날 시계를 보니 12시 10분쯤.

근처의 아는 영상의학과가 있어 바로 달려가서 CT를 찍었다.

그런데, CT를 찍고 나온 내게 바로 MRI를 찍어보자는 말이 돌아왔다.

'아… 뭔가 있구나.'

불길한 생각을 떨칠 수가 없었다.

나는 그 길로 바로 MRI 검사를 했고, 나오는 길이었다. 그곳에 계시는, 나의 오랜 지인이신 의사 선생님께서 나의 양손을 잡고 울먹이시며 남편에게 연락을 하란다…

그 순간 정말 아무 생각도 나지 않았고, 나는 바로 내 휴대폰으로 남편에게 전화를 걸었다.

내 앞에서 울먹이던 그 의사 선생님께서 남편에게 지금 바로 병원으로 오라고 했다.

그렇게 5분 정도가 지난 후, 나는 내 지인이신 의사 선생님과 함께 영상의학과의 부원장을 마주했는데, 그 영상의학과 부원장이 내게 단 한 치의 주저함도 없이 "앞으로 3개월도 채 못 살 테니 가서 죽을 준비를 해라"란다…

지금 생각하면 정말 어처구니가 없는 의사의 말과 행동.

의사라는 사람이 환자에게 자신의 바지 주머니에 양손을 찔

러넣고 건들거리며 죽을 준비를 하러 가라고 말했다.

　세상에 이런 몰상식하고, 어처구니없고, 비인간적인 의사가 있을 수 있을까?

　울먹이던 내 지인 의사 선생님도 그 부원장이란 사람에게 어이가 없는 것 같았다.

　그렇게 나는 한순간에 시한부 선고를 받은 사람이 되었다.

　그때, 그 잠시 잠깐의 순간…

　지금껏 내가 살아온 50여 년의 내 삶이 주마등처럼 스쳐 지나갔다.

　그러면서 떠올랐던 생각.

　첫 번째…

　후회될 일도, 그닥 억울할 일도 없더라는 것이었다. 웬만큼은 하고 싶은 것들을 다 하고 살았던 삶이었더라.

　여자이지만, 혼자서 미국 그랜드 캐니언도 가보고 라스베이거스 여행까지 해보고.

　하고 싶은 것 먹고 싶은 것 후회 없이 산 듯해서 다행이다 하고 생각했다.

　또 두 번째…

　나의 어여쁜 쌍둥이들.

그 쌍둥이 남매가 수능을 20일 남짓 남겨두고 있었는데, 이제 내가 이 세상을 작별할 즈음 나의 쌍둥이들은 20세 성인이 될 테니.

그래도 내가 나의 소중한 아이들이 성인이 되는 것을 본 후에 죽을 테니 너무나 다행이고, 감사하다는 생각이 들었다.

그리고 세 번째…

1남 2녀 중 막내인 나에게 이미 이십 몇 년 전 돌아가신 아버지 말고, 지금 홀로 계신 나의 엄마…

내가 그 엄마를 앞서 하늘나라로 가는구나 생각하니 엄마에게 너무나 미안한 마음이 들었다.

그리고 마지막 네 번째…

쌍둥이들과 함께 그때까지 살고 있던 26평 아파트를 벗어나고 싶었다. 남매인 우리 쌍둥이들에게 각자의 방을 만들어주고 싶었고, 그래서 나는 혼자서 남편도 모르는 조합원 아파트 하나를 사서 입주를 준비하고 있었다.

그런데 아직도 입주를 2년이나 기다려야 하는데, 나는 그 새 집을 들어가 보지 못하고서 세상과, 그리고, 쌍둥이들과 이별을 해야 한다고 생각하니 그것이 좀 억울했다.

그렇게 3개월 시한부 통보를 받은 그 짧은 시간에 난 이 4가지 생각을 하며 머릿속이 하얘지고 있었는데… 영상의학과 부원장이라는 그 의사가 그사이 나의 MRI를 대구 경북대학병원에 판독 의뢰했던 모양이었다.

"아, 판독 의뢰해보니 바로 죽지는 않는답니다. 아무튼 병원에 가보세요."

그러고는 사라졌다.

이게 대한민국 의료의 현실인 것이다. 물론 모든 의사가 그렇지는 않지만, 과연 저런 사람이 의사의 자격이 있는가 되묻고 싶다. 그러나, 같은 의사라도 내 곁에서 함께 울어주신 지인 의사 선생님 같은 분이 있기에, 우리 같은 환자들이 살아갈 수 있는게 아닐까 하는 생각이 들기도 했다.

지인 의사 선생님께서 경대병원의 한 뇌종양 교수님을 추천해주셨다. 나는 나의 지인 선생님께 신뢰가 두터웠던 터라 한 치의 망설임 없이 경대병원에 예약했다.

그렇게 나의 뇌종양 투병이 시작되었다.

남편과 언니는 계속해서 서울에 가서 치료를 받자고 말했지만, 3일 뒤 나는 경북대학병원에 진료를 받으러 갔다.

그렇게 11월 29일, 나는 8시간의 긴 뇌수술을 받았다. 나는 중

환자실에서 열 몇 시간을 있다가 일반 병실로 갔다. 당시 나는 24시간 간병인을 섭외해둔 상태였다.

중환자실에서 내려온 나는 제일 먼저 소변줄을 빼고 싶었고, 고맙게도 간호사가 바로 소변줄을 제거해주었다.

화장실을 가고 싶었고, 간병인에게 화장실을 다녀오겠다고 했더니, 간병인은 내게 안 된다며 누워서 소변을 보라고 했다.

하지만 나는 괜찮다며 혼자서 다녀오겠다고 말했다. 그렇게 간병인이 나를 부축해 화장실에 데려다주었고, 소변을 본 후 화장실 문을 열고 혼자서 침대로 걸어가다가 그 자리에서 쓰러졌다.

나는 내 머리와 몸에 그렇게 많은 링거와 피 빼는 줄을 달고 있는 중환자인 줄 몰랐던 거다.

바로 산소호흡기를 달고, 가까스로 정신을 차리고 나의 본격적인 병원 생활이 시작되었다. 병실이 없어 7인실에 입원한 상태였는데, 내가 병실로 돌아온 다음 날, 내 앞 침대 할머니 환자 간병인이 코로나에 감염이 되었다.

그때부터 내가 입원한 병동은 격리 병동이 되었다. 간병인 외의 가족 1명은 올 수 있었던 면회조차도 차단되었고, 그렇게 나는 수술 2일차부터 격리 병동 환자가 되어버린 것이다.

의사와 간호사들도 방독면을 끼고 회진을 돌던 시기.

검사를 위해 옮겨질 때 환자를 관 같은 곳에 눕혀 옮겨졌던 시기.

코로나 환자가 발생한 후 퇴원시킬 사람은 환자도 간병인도 모두 미리 퇴원시키고, 나의 병실에 맞은편 침대의 팔십 몇 살이 되신 할머니 환자와 60대 간병인, 내 옆 옆 침대의 70대 할머니 환자와 간병인, 그리고 나와 나보다 나이가 많은 나의 간병인.

이렇게 나의 코로나 격리 병동 생활이 시작되었다.

그다음 날, 내 옆 할머니 간병인이 환자를 버리고 도망을 가 버렸다. 나쁜 사람… 걷는 것조차도 못하는 격리 병동 환자를 버려두고 도망가는 사람이 간병인 자격이 있을까?

그리고 또 수술 후 셋째날이 되었고, 나는 말을 못 하게 되었다. 지금 생각해봐도 왜 내가 그때 말을 할 수 없었는지 모르겠다. 내 머릿속의 생각은 제대로 있는데, 입 밖으로 말을 뱉을 수가 없었다.

그렇게 면회도 차단된 내가 말도 못하고 있으니 밖에서 가족들은 발을 동동 구르며 그렇게도 많이 울었다고…

말을 못 하게 된 사흘 정도의 시간이 지나고 나흘째 되는 날부터 나는 서서히 다시 말문이 트였다.

그런데… 난 분명히 똑바로 걸어서 입원을 했는데, 수술 후의 나는 제대로 걷지를 못했다.

어기적어기적 반 장애인이 된 나는 수술 후 입원 16일이 지난 후에야 퇴원을 했고, 다시는 돌아갈 수 없을지도 모른다고 생각했던 가족들이 있는 나의 집에 갈 수 있게 되었다.

수술 후 조직 검사를 통해 알게 된 나의 병명은 '역형성 혈관주위세포종 3등급'.

보통의 다른 뇌종양은 4등급까지 있는데, 내 병명은 3등급까지만 있다고 한다. 악성 뇌종양 환자라는 것을 알게 된 나는 30회의 방사선 치료를 다시 시작하게 되었다. 매일을 언니의 부축을 받아 엉금엉금 걸어 방사선 치료를 받으며, 뇌수술을 받느라 밀어버린 한쪽 민머리와 함께 나의 길고 긴 투병이 또 시작되었다. 방사선 치료를 받을수록 나의 머리카락은 매일 한 줌씩 빠지기 시작했다.

원래 잘 걷지 못했는데, 나의 걸음은 이제 누군가의 부축 없이는 걷지도 못하는 환자 중의 환자가 되어버렸다.

방사선 치료 30회가 끝나고, 맥없이 집에서 몇 달을 잘 움직이지도, 잘 걷지도 못하는 삶.

더는 그렇게 살 수는 없었다.

빼앗긴 들에도 봄은 온다는데, 봄이 왔고 날씨가 따뜻해지기 시작했다. 그때부터 나도 서서히 걷기 시작했다. 쌍둥이들의 부축을 받으며 하루 백 걸음… 천 걸음… 2천 걸음…

이렇게 매일 서서히 걸으며 나의 걸음은 점점 정상인에 가까운 걸음이 되었다.

뇌수술 후 중심축이 무너져 뛰는 것도 힘들고, 혹시라도 급하게 뛰다 보면 몸이 수술한 왼쪽으로 치우쳐지기 때문에 지금도 조심해야 한다.

또, 수술 후 냄새에 너무 민감해져 냄새 때문에 못 먹는 음식들이 너무 많아졌다. 식사량도 수술 전보다 반은 줄었다. 원래도 소식을 하던 터인데, 소식이라고 말할 수도 없을 만큼 못 먹는다.

그래도 난 두 다리로 걸을 수 있게 된 것만으로도 감사하다. 왼쪽으로 왔던 안면 마비와 사시, 복시 또한 수술 후에도 돌아오지 않을 거라고 교수님께서 말씀하셨는데, 너무나 감사하게도 정상으로 돌아왔다.

주변에 뇌수술하신 분들 대부분이 심한 두통으로 힘들어하시는데, 난 두통도 없다.

어찌 감사하지 않을 수 있을까!

뇌종양이 오기 전 나는 개인 스파를 운영하고 있었다. 뇌종양 수술 후 하루아침에 문을 닫게 된 나의 가게, 잃어버린 나의 삶.

하지만 너무나 고맙게도 나는 다시 일어섰고, 걸었고, 조금씩 정상의 삶을 살 수 있게 되었다. 오랜 인연의 고객들이 나를 애타게 찾아주었고 나는 또 다행히 직원들과 함께 일할 수 있는 스파 원장이 되었다.

2023년 5월, 나는 대형 스파 원장으로 일상에 복귀할 수 있었다.

그런데, 또다시 찾아온 병.

9월 건강검진을 받다가 발견된 자궁 쪽 이상 세포로 나는 뇌수술 후 2년도 채 되지 않아 다시 수술대 위에 올라 3시간 30분의 시간 동안 난소와 자궁 적출술을 받아야 했다.

이렇게 나는 산정 특례 2관왕이 되었다.

이젠 놀랍지도 않았다.

8시간 뇌수술도 했는데, 몇 시간 정도의 자궁과 난소 수술쯤이야 하는 마음으로 또 버텨냈다.

나는 이미 2021년, 내 삶이 끝이 났다고 생각한다. 그렇게 뇌수술 후 사는 내 삶은 덤으로 다시 사는 인생이라 생각한다.

그렇기에 하루하루가 너무나 소중하고, 감사하고, 행복하다. 내가 사랑하는 사람들을 여전히 볼 수 있고, 내가 먹고 싶은 것을 먹을 수 있고, 내 두 다리로 걸을 수 있고, 그래서 가고 싶은 곳에 갈 수 있기에 감사하다.

일반인들에게는 너무나 당연한 그 모든 것들이 나에게는 당연하지 않기 때문에.

오늘도 나는 또 새 하루 새 아침을 맞이한다.

질병의 고통 속에서 나는 버려야 할 인연과 계속 이어가야 할 인연을 구분하게 되었다.

내가 친하다고 생각했던 사람들 중에 내가 나약해지니 등 돌리는 사람이 있었고, 반면 나의 힘겨움 속에 정말 이 사람이 나에게 진심이었다는 것을 알게 된 사람도 있었다.

이렇게 인간관계가 가려지더라. 이제는 내 삶의 인연을 정리하게 되었다.

그 와중에 나는 전국 뇌종양 모임에 가입하게 되었다. 뇌종양에 대한 여러 정보를 얻을 수 있었고, 무엇보다 동병상련의 아픔들을 겪는 사람들은 그 누구보다 서로를 이해하고 있었다.

슬픈 일은 그 인연들이 어느새 하나둘씩 우리 곁을 떠났다는 거…

만남과 이별을 겪으며 나는 또 내려놓는 삶을 배우고 있다. 뇌수술 당시 내가 수술이 끝날 때까지 남편은 물 한 모금 마시지 않고 수술실 앞에서 두 손 모아 수술실 앞을 지켰다고 했다. 그리고, 지금은 당시 미성년자였던 나의 쌍둥이들이 이젠 내게 보호자처럼 밥을 챙겨주고, 나의 여러 가지 일상을 도와주고 있다.

2024년 11월 29일, 뇌종양 수술 3년차 새로운 인생을 사는 엄마의 나이는 이제 3살이 되었다며 다시 태어난 제2의 생일을 축하해주었다. 이제 난 곧 군입대를 앞둔 아들과 이별을 준비하고 있다. 그러나, 나는 아직 살아있고 군복무를 마치고 올 아들을 위한 만남을 기다리며 또 하루하루를 살아가고 있겠지.

그렇게 나의 소중한 하루가 지나가고 소중한 하루가 또 온다. 그 하루가 나는 행복하다. 나는 나의 남은 삶을 그렇게 살아갈 것이다….

〈덤으로 사는 인생〉 필자 소개

김진숙
간호사로 10여 년 일하고 개인 스파를 운영하면서 삶의 방향을 바꾸었다. 3년 반 전 악성 뇌종양 수술을 받고 생의 전환점을 맞은 그는, 현재 다시 스파를 운영하며 제자 양성에 나서는 등 '덤으로 얻은 인생'을 뜨겁게 살아가는 중이다.

'나의 브라보! 순간' 공모전 당선작

괜, 찬, 타! 괜, 찬, 타!

김태호

섬 같은 날이 있다. 잘 버티며 살다가도 무너질 것만 같은 날이 있다. 요즘, 내가 그랬다. 이런저런 어수선한 일들이 많았는데, 특히나 회사 일감이 눈에 띄게 줄어든 것이 문제였다. 그간 게을렀나 싶어 일에 더 집중을 했지만 상황은 달라지지 않았다. 혼자인 날이 늘어갔고 삼십 대 힘들었던 기억이 자꾸 고개를 들었다. 기어코 지난 연말에는 마음에 힘을 잃고 우울에 빠졌다. 이런 상황을 주위에 들킬까 싶어 더 분주한 척 보냈다. 감추다 보니, 더 혼자였다. 그 우울한 공간으로 2002년 어느 날의 끊어진 넥타이가 떠올랐다. 책장을 뒤져 그날의 일기를 찾아 다시 읽어 보았다.

와락 눈이 떠졌다. 가물가물해진 기억을 겨우 추스리며 주위를 둘러보니 방이었다. 조금씩 깨어나는 의식과는 다르게 몸은 쪼그라든 체, 부르르 경련을 일으키고 있었다.

'이게 지금 무슨 일이지?'

목에 감겨있는 끊어진 넥타이. 순간, 지금 상황이 정리되었다.

여기저기 멍처럼 시퍼렇게 퍼진 절망을 도두지 맨정신으로는 바라볼 수 없어 들이부은 소주 몇 병. 진한 알콜 냄새를 따라 목을 타고 들어오는 '죽음'의 유혹. 비틀거리며 넥타이 몇 개를 찾아 꼭꼭 묶었고, 문고리에 단단히 연결하고는 의자 위에 올라섰다. 눈을 감았다. 그리고 끝이었다. 아니 끝인 줄 알았는데 넥타이가 끊어지면서 다시 삶이 시작되었다.

눈물이 났다. 죽지 못한 것이 슬펐고, 살아난 것이 애달팠다. 그 순간에도 몸은 강렬하게 살고 싶다는 의지를 보이기라도 하듯 떨고 있었다.

(2002년 11월 17일 일기 중에서)

전환점이 필요한 시기. 어느 신문에서 국립중앙박물관 '사유의 방'을 추천하는 글을 봤다. 그곳에 가면 해답까지는 아니더라도 지금 이 답답함을 조금은 덜어내고 올 수 있지 않을까. 동아

줄 같은 기대를 안고 찬 바람에 마음까지 꾸부정해진 날, '사유의 방'을 찾았다.

'사유의 방'으로 들어가는 길에서 먼저 만난 건 파도 소리, 혹은 바람 소리. '솨아아, 솨아아….' 현실과 꿈의 경계 같은 통로를 또박, 또박 발소리조차 조심하며 천.천.히. 걸었다. 복도는 완만했고, 어둠은 아늑했다. 그렇게 '사유의 방'에 들어섰다. 저 앞에 실눈 같은 조명을 받으며 반가사유상 두 점이 반가(半跏)의 자세로 사유(思惟)에 잠겨 있다. 그 모습이 깊고 정갈했다. 선뜻 마주하기에는 아직 서먹해 사유상과 조금 거리를 두고 한편에 자리 잡았다. 나와 사유상의 사이로 누군가는 머물고, 누군가는 스쳐 갔다. 어떤 이는 웃고 있었고 또 어떤 이는 표정이 없었다. 그렇게 사람들은 각자의 방법으로 사유상을 만나고 있었다.

'툭' 물음 하나가 내 마음을 건드렸다.

"무슨 사연이 생겼습니까?"

가만히 사유상이 물어왔다.

그 질문에 마음은 뭐라뭐라 하는데 답은 선뜻 나오지 않았다. 하지만, 그윽하게 감은 눈은 '이미 다 헤아리고 있으니 아무 말 하지 않아도 돼요'라고 말하는 듯했다. 그 순간, 며칠 전 읽었던 하미나 작가의 '보석함을 열면 있는 것'이라는 글이 생각났다.

"여름이 끝났음을 직감한 어느 날의 아침 나는 평소처럼 차를 마시다가 이번 여름을 보내며 수집했던 순간들을 적어보기 시작했다. 눈을 감으면 떠오르는 이미지들, 순간들, 기껏해야 1초에서 3초 정도로 이루어진 기억들이었다."

그렇다면 나의 '보석함을 열면' 어떤 것들이 있을까. 산을 오르며 흐르는 기분 좋은 땀/아내와 여행지에서 맞이한 아침/매일 아침 처음으로 안부 묻는 친구의 메시지/출근한 사무실에서 클래식 음악과 함께 하는 커피 한 잔/여행지에서 찍은 사진을 그림으로 그리는 순간/짬짬이 책과 함께하는 시간/아버지와 요양원에서 잠시 만나는 데이트/혼자 떠난 여행에서의 홀가분한 마음.

'툭, 툭' 다시 사유상이 말을 건넸다.

"그 정도면 괜찮지 않나요?"

"그러게요. 그러고 보니 저 혼자 칭얼대고 있었네요."

대학원에 입학했다. 처음에는 내 주재에 므슨 공부일까 싶었는데, 사람들을 만나며, 다시 하고 싶은 일이 생겼다. 할 수 있을까 겁도 나지만, 지금 나의 상황을 벗어나기 위해서라도 무조건 다시 시작해야 한다. 어제 목욕탕을 가서 체중을 재브니 68kg. 8년을 쉬지 않

고 일만 했는데도 온몸에 절망만 베여있다. 다시 희망을 부여잡고 싶다. 살고 싶다.

(2009년 4월 10일 일기 중에서)

희망이라는 말조차 잊어갈 즈음, 아내가 대학원에 무작정 입학을 시켜버렸다. 그날 내 주제에 무슨 공부냐고 크게 싸웠던 기억이 난다. 당시 나는 보험 영업을 하고 있었는데, '대학원에 가서 고객을 만드는 방법도 있겠구나' 하는 단순한 생각으로 마음을 바꿔 대학원 과정을 시작했다.

'기회의 신'이 있단다. 앞에 머리는 길고 뒷머리는 민머리. 발에는 날개가 달려 있다는…. 대학원에서 나는 '기회의 신'을 만났다. 그곳에서 '경영 컨설턴트'라는 직업을 알게 되었고, 간절한 마음으로 석사를 마치고 전문 자격을 취득하고, 박사과정까지. 그렇게 나는 다시 꿈을 꿨고, 2011년부터 컨설턴트로, 강사로 쉼없이 달려왔다.

삼십 대의 시간은 나에게 트라우마다. 조금만 일이 풀리지 않아도 덜컥 겁이 나는 건 그 시절의 불안함 때문이리라.

꽉 찬 생각을 조금이나마 내려놓으니 숨통이 트이는 것 같았다. 비운다는 건 텅텅 비어 있는 게 아니라, 채울 수 있는 공간을 만든다는 것. 지금 나에게는 꽉 들어차 옴싹달싹 못하게 하는 과거의 상념들을 덜어낼 여백이 필요했던 것이다. 이곳에서 나도, 내 그림자도 나만의 섬에서 걸어 나올 작은 힘이 생겼다. 생각에서 눈을 뜨고 주위를 둘러보니 내 곁에 사람들이 아무렇지도 않게 살아가고 있었다.

불안했던 시절의 기억을 따라가다가 완주 아원고택이 떠올랐다. 오성마을 입구에서 마을 위쪽에 있는 아원고택까지 가는 길은 기웃거리기 좋은 길이다. 하늘로 쭉쭉 뻗은 기와집들은 햇볕 잘 드는 마당을 하나씩 가지고 있었다. 마당에는 구수한 메주가 누렇게 떠 있었고, 하얗게 분이 오른 곶감이 줄줄이 잘 익은 바람을 쐬고 있었다.

담쟁이 이파리를 살짝 걷어내며 들어선 입구. 어둠과 빛을 잘 섞어 놓은 좁은 통로는 이곳이 무념무상의 공간임을 알려주고 있었다. 한 걸음, 두 걸음…. 걸음을 세며 열 걸음쯤 걸었을까, "똑, 똑….”

동그란 물방울 소리로 가득 찬 네모난 공간이 나타났다. 물방울 소리는 시간이 지나면 이 공간도 동그랗게 변화시킬 것만 같았다.

"똑, 똑⋯." 물방울의 울림은 '소리에 놀라지 않는 사자처럼/ 그물에 걸리지 않는 바람처럼/진흙에 더럽히지 않는 연꽃처럼(불교경전 '숫타니파타')' 구석구석을 돌아다니며 채우고 있었다. 이곳에서 빛과 어둠은 동무처럼 어울렸고, 바닥에 백자 몇 점도 군더더기 없이 자리 잡고 있었다. 이 공간에서는 사유조차 사치일 것만 같았다. 한쪽에 놓여있는 의자에 오드카니 앉아 정지되어 있는 것만으로도 충분했다.

"똑, 똑⋯." 물방울 소리가 내 마음에 노크했다. 이내 귀를 타고 들어와 차갑게 목을 축이더니 가슴으로, 마음으로, 아래로, 아래로⋯. 한 방울, 두 방울⋯. 이제 마음은 물방울이 되어 네모난 공간을 흐르고 있다.

"똑, 똑⋯."

'어? 물방울 소리가 눈물을 닮았네. 가만있자. 언제 적 눈물일까?'

큰놈에겐 큰눈물 자죽, 작은놈에겐 작은 웃음 흔적,

큰 이얘기 작은 이야기들이 오부룩이 도란그리며 안끼어 오는 소리⋯.

괜, 찬, 타, ….

괜, 찬, 타, ….

괜, 찬, 타, ….

괜, 찬, 타, ….

끊임없이 내리는 눈발속에서는

山도 山도 靑山도 안끼어 드는 소리

(서정주 '내리는 눈발 속에서는' 중에서)

서른 둘, 직장을 그만두고 시작한 사업은 불과 일 년 만에 엄청난 빚만 남겼다. 빚을 갚기 위해 버둥댈수록 수렁처럼 빚만 늘어났다. 빚을 갚기 위해 몸부림쳤던 8년간의 시간은 온통 흑백이다. 새벽 2시에 일어나 신문을 돌렸고 우유를 돌렸다. 낮에는 보험 영업과 건어물을 판매하러 다녔고, 저녁에서 밤까지는 대리운전을 했다.

새벽부터 밤까지 일 이외에는 아무것도 할 수 없었던 시간. 꿈을 꾸던 날들은 와르르 무너져 내렸고, 주변 사람들도 하나둘씩 떠나갔다. 그 시간 어디쯤에서 봤던 '청춘'이라는 영화. 주인공들이 서로를 위로하며 '괜.찬.타. 괜.찬.타.' 절규하듯 외치던 장면에서 서러웠던 현실이 한꺼번에 울음으로 쏟아져 내렸다. 그 후 위로가 필요한 날에는 어김없이 이 시를 주문처럼 웅얼거리곤 했던 기억이 난다.

은행과 사채에서 하루에도 수십 통씩 걸려오는 전화. 신문을 돌리고 영업과 대리기사를 뛰면서도 그 많은 빚들을 갚을 수나 있을까 막막하기만 했다. 하지만 매일매일의 고통과 노동이 쌓이면서 겨우 이자만 갚던 시간이 지나고 원금이 줄어들기 시작했다. 그 끝 어디에서 대학원을 만났고, 기회와 조우했던 것이다.

어느 날, 예전의 나처럼 힘든 상황에 내몰린 분들을 대상으로 강의할 기회가 생겼다. 강의 중에 내 얘기를 하게 되었고, '내리는 눈발 속에서는' 시를 읊었다. 순간, "똑, 똑…." 강의실 여기저기에 떨어지는 눈물. 그 눈물을 따라 나도 왈칵 눈물을 쏟았던 날. 아, 맞다. 아윈 고택 사유의 공간을 채우는 물방울 소리는 바로 그날의 눈물을 닮아 있었다. 둥근 물방울은 삼십 대 시절, 매일 꿈꾸던 바람이었고, 네모난 공간은 아직도 웅크리고 있는 나였다. 둥근 물방울이 네모난 공간을 채우며 흐르듯 아직 남아있는 나의 트라우마의 시간을 위로하며 흐르기를 오래오래 기도했다.

싱잉볼. 7가지의 금속이 섞여 길고 깊은 울림이 있어서 마음을 모으고 기도하는 데 쓰이는 종이다. 엄마 손을 잡고 성당을 다녔던 나는 미사 중에 울리던 싱잉볼 소리가 좋았다. 그 소리를 다시 만난 건 코로나가 막 확산되던 때다. 코로나로 강의가 취소되기 일쑤였고, 또 다시 무너질까 걱정이 많았던 시간이다. 우울한 마음에 여행을 다니다가 알게 된 '뮤지엄 산'. 하늘과 나무와 바람이 잔잔하게 반영되는 물의 길을 따라 당당한 모습의 건축물에 들어서는 순간, 마음을 토닥이는 고요한 명상관을 만났다.

허리를 숙여 들어가야 하는 공간은 의외로 아늑했고, 가만히 관조하고 있는 눈빛 같았다. 힘든 청춘의 시간을 보낸 후, 늘 조마조마하며 길을 걷는 마음을 알고 있다는 눈치였다. 바닥에 누웠다. 천정을 반 바퀴 가로지르는 실 같은 빛이 가슴에 닿자, 엄마가 떠올랐다. '아! 그러고 보니 이 공간은 엄마의 품을 많이 닮았구나' 엄마는 종일 남의 이불을 꿰매셨다. 쉬지 않고 이불을 꿰매도 털어지지 않았던 가난처럼, 저녁이면, 온통 실 부스러기가 엄마 옷에 달라붙어 있었다. 혼자 놀다가 옷을 털어드린다는 핑계로 엄만 품에 안기는 저녁 무렵은 어린 나의 하루 중 최고의 행복한 순간이었다.

"댕…."

싱잉볼이 한 번 울렸다. 뭉클한 숨이 올라왔다. 일상이 무거웠고 엄마가 그리웠다.

다시 "댕…."

두 번째 울림에는 왠지 마음이 놓였다. 긴장이 몸을 빠져나가고 있었다.

"댕…."

세 번째 싱잉볼 소리에는 공중으로 붕 떠오르는 느낌. 공기만큼 가벼워진 몸과 마음으로 기억 하나가 들어왔다.

대학원을 마치고, 2012년 경영컨설팅과 교육을 하는 사업체를 창업했다. 사업체 이름은 '안김.'

삼십 대를 보내고 있던 어느 여름, 밤새 비가 내렸고 여느 날처럼 비속에서 신문을 돌리고 있었다. 내가 맡은 구역은 공단 지역. 비에 고인 물에 오토바이가 빠지며 넘어졌고, 가지고 갔던 신문이 도로에 나뒹굴었다. 주섬주섬 비에 젖은 신문들을 줍다가 갑자기 서러움이 몰려왔고, 나는 그 자리에 주저앉아 엉엉 울었다. 희망이 없다는 건 끝도 보이지 않는 터널을 걷는 것과 같았다. 막막하고 무서웠다. 그렇게 얼마쯤 시간이 지났을까, 갑자기 따뜻한 온기가 느껴졌다. 젖은 신문처럼 바닥에 주저앉아 울고 있던 나를, 어느 공장의 경비분이 우산도 없이 다가와 아무 말도 않고 안아준 것이다. 누군가에게 안긴다는 것. 얼마나 큰 위로가 되고, 힘이 되는지 그때 알게 됐다.

그렇게 창업한 '안김'은 조금 이라도 힘든 사람, 기업에게 힘이 되겠다는 각오로 지은 이름이다.

네 번째 싱잉볼 소리를 들었을까.

어느새 의식은 가물가물 잠이 들었다.

"자, 모두 그만 일어나세요"

명상관 강사의 말에 구름 같던 의식이 다시 몸 안으로 들어왔다. 들어올 때와는 사뭇 다른 은근한 향기가 났다.

사는 게 간단치 않다. 생각해보면 서른둘에 알게 된 절망, 또는 두려움도 과정이었던 것이다. 다행히 나는 그 과정을 무사히 버티고 지나왔다. 타박타박 그 터널을 기어코 걸어 나왔기에 지금의 나의 삶을 만나고 있는 것이리라. '힘들었으니 모든 것이 잘 될 것이다'라는 막연한 기대보다는 힘들었기에 쉽게 휘청대지 않고 걸을 수 있는 힘이 생긴 것에 감사한다.

올해는 경기가 안 좋다는 말이 심심찮게 들린다. 그 여파에 나도, '안김'도 흔들리는 날들이 있을 것이다. 그래도 두려워하거나 포기하지 않을 거라는 믿음이 있다. 나의 회색빛 삼십 대

덕분에, 가족의 든든한 응원 덕분에, 그리고 미래라는 꿈을 꿀 수 있는 덕분에.

마흔이 넘어 나의 주제곡이 생겼다. 나는 오늘도 나의 주제곡으로 흥얼거리며 하루를 시작한다.

Bravo Bravo my life 나의 인생아 지금껏 달려온 너의 용기를 위해
Bravo Bravo my life 나의 인생아 찬란한 우리의 미래를 위해

(봄여름가을겨울의 노래, '브라보마이라이프' 중에서)

〈괜, 찬, 타! 괜, 찬, 타!〉 필자 소개

김태호
(주)안김 대표이사이자 공정여행나눔사회적협동조합 이사장으로, 기업 경영과 지역 공동체 컨설팅을 함께 한다. 삶의 경계 너머를 탐색하는 여행작가이기도 하며, '모든 것과의 마주침'을 두려워하지 않는 태도를 글로 풀어낸다.

'나의 브라보! 순간' 공모전 당선작

돌아보며 걷는 미래

박삼

 올림픽이 끝나고 해외여행 자유화가 시작되었다. 우후죽순 격으로 생겨난 여행사들은 인재들을 영입하고 있었다. 해외여행이라는 당근에 이끌려 여행사로 들어갔다. 여타 기업에 비해 급여는 적었지만, 해외여행은 매력적이었다. 잦은 해외 출장은 일과 여행의 경계가 모호했다. 고객들을 인솔하는 일이지만 보고 먹고 자는 모든 것들이 여행객과 다름없었다. 제주도도 못 가봤는데 국제선을 타고 해외를 다닌다는 게 신기했다.
 세계 곳곳으로의 출장은 나의 인문학적 소양을 몰라보게 높여 주었다. 방문국의 역사와 지리에 관심을 가지게 되었고, 사람들과 산업에 관하여 공부하기 시작했다. 이때의 경험은 훗날 여행사를 운영하는 데 큰 밑거름이 되었다.

무난하던 여행사 생활은 외환위기(IMF)를 맞아 흔들렸다. 하루아침에 실직자가 되었다. 네 살 아들과 임신한 아내를 위해 뭔가는 해야 했다. 손수레에 만물상을 꾸려 오일장을 찾아다니는 지인이 있었다. 한번 해보겠냐고 물었다. 선뜻 내키지는 않았지만, 용기를 내어 따라갔다. 시장에 도착하는 순간 각오는 사라지고 창피한 마음에 얼굴을 들 수 없었다. 행여 아는 사람이라도 마주칠까 노심초사했다. 손수레 옆에 있지 못하고 저만치 떨어져서 손님이 오면 달려갔다. 도저히 할 수 없었다.

다음은 실내장식 사업을 하던 친구와 함께 일했다. 가게를 철거하고 폐기물을 소각장으로 실어 나르고, 석고보드를 지고 계단을 오르는가 하면, 페인트를 칠하기도 했다. 만삭이던 아내 또한 그냥 있지 않았다. 인쇄물을 컴퓨터에 입력하는 공공 디지털화 작업을 했다. 하루 종일 자판을 두들겨 손마디가 아프다는 말을 들을 때는 마음 아팠다. 내 인생에서 가장 힘든 시기였다. 소위 눈물 젖은 빵을 먹던 기간이다. 어떤 어려움도 이때와 비교할 수는 없다. 몸과 마음은 힘들었지만, 여행의 꿈은 그대로 남아있었다.

외환위기(IMF)가 끝나고 여행사로 돌아왔다. 내 사업을 하겠다는 마음을 먹고 준비했다. 회사 이름을 정하고 사무실을 알아보고, 전화를 신청하고 로고(Logo) 제작을 의뢰하는 등 바쁜 시간을 보냈다. 사업자등록증을 보며 새로운 다짐을 했다. 나이 사십이었다. 때맞춰 행운도 따랐다. 사회에서 만난 친구가 모 신문사 편집장으로 가면서 해외연수 사업을 맡아 달라는 것이었다. 신문사를 등에 업고 영업할 수 있으니 얼마나 다행인가, 지면에 공고가 나기 무섭게 모집되었다.

몇 년 동안 순항하던 회사는 편집장 친구가 다른 곳으로 옮기면서 어려움이 왔다. 경쟁 업체의 시기 질투로 독점으로 진행하던 행사를 일일이 입찰을 통해서 진행하게 되었다. 절차는 까다로워지고 수익은 떨어졌다. 결국 신문사에서 손을 떼게 되었고 그동안의 경험을 바탕으로 해외연수 사업에 집중했다. 공무원, 교사, 공기업, 기업체 등 연수를 하는 곳은 무조건 찾아가서 영업했고 경쟁입찰에 참여했다. 회사는 빠르게 성장했다.

코로나(COVID-19)는 많은 것을 멈춰 세웠다. 여행사는 직격탄을 맞았다. 출발 예정이던 단체는 줄줄이 취소되었다. 전화벨은 멈췄고 사무실은 조용했다. 출근해도 할 게 없으니 무료한 시간

이 지속되었다. 급여 일부는 정부에서 지원해 주었지만, 회사를 운영하기에는 턱없이 부족했다. 한 명, 두 명 회사를 떠났고 나 또한 자리만 지키고 있을 수는 없었다. 대학생이던 아이들의 등록금도 대야 하고 생활비도 필요했다. 사무실을 정리하고 자전거를 이용해 배달을 시작했다. 부족한 돈은 적금과 보험을 해약하며 버텼다. 시간이 지나도 코로나는 끝날 기미가 없었다. 절박함이 들었다. 쉰여덟, IMF 이후 두 번째 어려움이 찾아왔다.

덮밥 프랜차이즈 식당을 운영하고 있던 지인을 찾아갔다. 코로나가 시작되고 한숨짓던 내게 해보라고 권유했던 사람이다. 그때 시작했으면 좋았을 텐데 하는 아쉬움이 있지만, 코로나가 이토록 오래갈 줄은 몰랐다. 식당들도 모두 어려움을 겪고 있었지만, 이곳은 상황이 달랐다, 배달에 적합한 메뉴가 오히려 호황이었다. 식당을 방문한 늦은 시간에도 주문은 계속되고 배달원들이 오고 갔다. 투자비와 매출 대비 수익에 대한 자세한 설명을 들은 후 본사 담당자를 만날 수 있도록 부탁했다. 잠이 오지 않았다. 30년 가까이 여행업에 있던 내가 음식점을 할 수 있을지 걱정이었다. 식당 차릴 비용도 해결해야 할 문제였다. 좌고우면할 여지가 없다.

다음 날 본사를 방문해 사장을 만나고 개업할 장소를 찾아다녔다. 주요 상권에는 벌써 누군가 자리잡고 있었다. 좀 더 일찍 할 걸 하는 후회가 들었다. 여러 지역을 찾아본 후 신길동에 자리를 잡았다. 열 평 남짓한 공간에 보증금 3,000만 원, 월세 180만 원으로 계약했다.

오전 9시 가게에 도착한다. 쌀을 씻어 밥솥에 얹고, 달걀을 수비드 방식으로 익힌다. 소스를 데우고 토핑 재료를 손질하는 등 분주한 아침을 보낸다. 11시부터 13시까지는 주문이 집중되어 숨 돌릴 틈이 없다. 메뉴가 바뀌지 않게, 토핑이 빠지지 않게, 주문 순서대로 차질 없이 포장해야 한다. 정신 차리지 않으면 실수하기 일쑤다. 매장을 방문하는 손님들도 응대해야 한다.

브레이크타임이 시작되는 오후 3시가 되어서야 정신을 차린다. 잠시 휴식을 취한 후 부족한 재료들을 보충하고 저녁 판매를 준비한다. 매출에 많은 영향을 미치는 게 이용 후기다. 메뉴가 바뀌어서, 배달이 늦어서, 음식 모양이 흐트러져서 등 많은 이유로 후기가 안 좋을 수 있다. 올라온 글들에 성실히 답변한다. 오후 6시부터 8시까지 또 한 번의 주문 폭풍을 맞고 가게를 마감하고 나면 저녁 10시다.

파김치가 된 몸으로 집에 돌아와 술 한잔한다. 몸으로 일하는 사람들이 왜 술을 많이 마시는지 이해할 수 있다. 몇 시간 후면 변함없는 일상이 또 기다리고 있다.

3년이 지났다. 아들과 딸은 모두 대학을 졸업했고, 코로나는 약화되었다. 배달 매출은 서서히 줄어들었고, 쳇바퀴 도는 일상은 점점 싫어졌다. 아직 수익이 발생하는 매장이었지만 부동산에 내놓았다. 여행업은 회복되고 있다는 소문이 들렸다. 하지만 여행업으로의 복귀는 망설여졌다. 여행업 환경은 코로나 이전과는 달랐다. 단체로 가던 연수가 소규모 개별화되었고, 경기 침체와 인식 전환으로 연수 자체가 없어진 곳도 많았다. 직원 충원 또한 문제였다. 코로나로 그만둔 직원들은 그동안 다른 직종에 안착해서 복귀가 쉽지 않았다. 나 또한 육십이 넘었다. 예전처럼 활동하기에는 나이가 많다. 하지만 여행을 포기할 수는 없다. 다른 방법을 찾아야 했다.

육십갑자를 돌아 회갑을 맞았다. 요즘 시대 환갑은 청춘이라 하지만 나이 계급장은 사회에서 환영받지 못했다. 풍부한 경험을 내세워도 취업 시장에서 대우받지 못한다. 놀면서 살 수 있는

팔자는 아니다. 그렇다고 월급에 목매며 늙어가고 싶지는 않았다. 우선순위를 정하기로 했다. 내가 원하는 것, 하고 싶은 게 무엇인지 생각해 보았다. 원하는 것과 할 수 있는 건 다르겠지만 앞으로의 시간은 나 자신을 위해 쓰고 싶었다.

여행과 더불어 글을 써야겠다는 마음을 먹었다. 글쓰기는 마음속으로 갈구하면서도 망설이기만 했었다. 더 미루다가는 영영 못 할 것 같다는 생각이 들었다. 수필집 한 권 단독으로 내는 것과, 해외를 다니면서 보고 느낀 점을 영상으로 남겨야겠다는 목표를 삼았다. '글쓰기와 여행 유튜버' 두 가지를 최우선 순위에 올렸다.

일자리를 구했다. 내가 원하는 때에 시간을 낼 수 있는 일을 찾았다. 의전용 차를 운전하기로 했다. 주로 외국인들을 태우고 다닌다. 처음 맡은 일은 전용기를 이용해 한국을 방문한 태국인 가족을 운전해 주었다. 그들이 원하는 곳으로 데려다주고 데려왔다. 동대문, 명동, 성수동, 에버랜드 등 여러 곳으로 다녔다. 며칠 동안 운전해 주다 보면 자연스레 친해지기도 한다. 빈말일지라도 자기 나라 오게 되면 연락하라는 말도 한다. 실제로 동료 한 명은 브루나이 왕족의 초청으로 한 달간 다녀오기도 했다. 일본, 미국, 프랑스, 중국 등 각국 사람들을 운전해 주면서 또 다른 세계를 보는 듯하다. 의전용 차량이라 손님들 수준이 높았고, 단순한 일이라 스트레스가 적었다. 돈 벌면서 내가 원하는 때에 시간을 낼 수 있으니 일거양득이었다.

운전을 잠시 쉬고 여행길에 올랐다. 이번 여행은 코카서스산맥에 걸친 세 나라를 둘러본다. 북경에서 출발한 비행기는 사막을 건너고 설산을 넘어 다섯 시간 만에 아제르바이잔의 수도 바쿠에 도착했다. 마음이 편했다. 여행사에서는 항상 단체를 인솔해서 해외를 갔었다. 손님들에게 신경 쓰느라 마음에 여유가 없었다. 지금은 가고 싶은 데로 갈 수 있고, 보고 싶은 데로 볼 수 있다. 어디서나 잘 수 있고 무엇이든 먹을 수 있다.

한 손에 카메라, 다른 손은 지도를 들고 자유롭게 거리를 활보했다. 조로아스터교 사원과 실크로드의 흔적들, 프로메테우스와 이아손의 이야기 등 다양한 문화와 유적이 있었고, 신화와 전설이 숨어 있었다. 사람들은 한없이 친절했고 다양한 민족들이 산과 바닷가 계곡에서 각자의 방식대로 살고 있었다. 인류 역사상 최초로 포도주를 만든 지역답게 저렴하고 품질 좋은 포도주가 넘쳐나는 등 코카서스 국가들은 매력적이었다.

몇 개월 후 다시 비행기를 탔다. 이번에는 히말라야로 간다. 설산을 걸으며 자신을 돌아보는 시간을 가지고 싶었다. 네팔은 과거로의 시간 여행을 하는 것 같았다. 인력거가 골목길을 활보했고, 자동차와 오토바이가 뒤섞인 거리는 혼란스러웠다. 먼지와 매연에 숨이 막힐 지경이었지만, 너무나 당연한 듯 사람들 얼굴은 밝았다. 화려한 색상의 천으로 만든 옷으로 몸을 감싼 여성들과 달리 남자들 차림은 제각기 자유로웠다.

국내선을 이용해 등반 베이스캠프라고 불리는 도시 포카라로 갔다. 그곳에서 히말라야로 이동해 등반을 시작했다. 하늘에 닿을듯한 설산들이 거인처럼 우뚝 서 있고, 어깨 너머로 얼굴을 내민 일출은 하늘을 붉게 물들이는가 싶더니 어느새 눈 덮인 봉우리를 오렌지빛으로 칠하고 있었다. 장엄했다. 자연의 위대한 작품 앞에 그저 감탄할 뿐이다.

히말라야는 많은 이들의 마음을 행복하게 했다. 길 위에서 만난 사람들 얼굴에는 미소뿐이다. 음식과 잠자리는 열악하고 고산증으로 잠 못 이뤄 밤새 뒤척인 적도 있지만, 지친 몸과 마음을 모두 내려놓을 수 있는 곳이었다. "히달라야를 오지 않은 사람은 있어도 한번 온 사람은 없다." 삶이 지쳐갈 때쯤 다시 찾을 것이다.

유튜브 채널명 〈하늘물고기〉, '시니어 자유여행, 삶을 기록하는 여행', 내 유튜브 제목이다. 일하며 여행을 떠나고, 영상을 찍고 글을 쓰려고 한다. 글은 한 권의 책이 되어 나올 것이고, 켜켜이 쌓인 영상일기는 오늘을 회상하는 아름다운 기억이 될 것이다. 나이테는 늘어가고 기억력은 흐려지지만, 꿈꾸는 나는 아직 청춘이다. 소박한 꿈을 이루기 위해 오늘도 신발 끈을 조인다.

〈돌아보며 걷는 미래〉 필자 소개

박삼
여행플래너로 30여 년간 활동하며 '여행이 삶의 본질'이라 믿어온 시니어이자 '하늘물고기'라는 별명처럼 늘 어디론가 떠날 궁리를 하는 철부지. 글쓰기를 통해 후대의 자신을 남긴다는 노(老) 작가의 신념을 따라 묵묵히 기록하는 여행자다.

'나의 브라보! 순간' 공모전 당선작

나도 청어처럼 살 수 있을까?

윤은기

나는 몇살까지 살 수 있을까? 요즘 기대수명을 알아보는 앱이 있길래 궁금증이 생겨 작성해 보았다. 나의 가족력과 여러 가지 건강상태에 대한 질문에 솔직하게 답변을 하면 기대수명이 계산되어 나온다. 나의 기대수명은 115세로 나왔다. 일단 기분은 좋았다.

그날 저녁 아내와 이야기를 나눴다.

"여보 내가 몇 살까지 살 것 같아?"

"당신은 건강체질이니까 9988이 가능할거야."

"사실은 오늘 기대수명을 체크해보았더니 그보다는 훨씬 더 사는걸로 나오던데."

"몇살?"

내가 115세로 나왔다는 말을 하면서 둘다 놀라고 말았다.

"그렇게 오래산다고?" 아내가 눈이 동그래져서 반문한다.

"아니 내가 오래 사는게 싫어?"

"그게 아니라 오래 살면 뭐해. 건강하게 사회생활을 하면서 오래 살아야지." 아내가 말끝을 얼버무렸지만 나는 '진실의 순간'을 보고 말았다.

잠자리에 들기 전 이런저런 생각이 떠올랐다. 과연 115세까지 오래 사는게 좋은 일인가? 아내마저 놀라는데 아들딸에 이 이야기를 하면 어떤 반응이 나올까? 결국 아들딸에게는 이야기를 하지않기로 마음먹었다.

평균수명이 계속 늘고있다. 70대 80대 나이에도 젊은이 못지 않게 활기차게 사는 분들이 많아졌다.

2년 전 김형석 교수님을 연사로 모셨다. 강의내용이 좋아서 큰 박수를 받으셨다. 강의가 끝나고 서울역으로 가신다기에 이유를 물어보았다.

"내일 아침 포항에서 조찬강의가 있어요."

100세가 넘으신 분이 서울에서 저녁 강의를 하시고 곧바로 서울역으로 가서 KTX를 타고 포항으로 간 후 다음날 조찬강의를 하신다니 저절로 감탄사가 나왔다.

"교수님, 힘들지 않으세요?" 이 질문에 대한 답변도 감탄할 일이었다.

"아직은 괜찮습니다. 즐겁고 보람있는 일인데 힘들게 없습니다."

103세 되신 노 교수님이 아직은 괜찮다고 하시니 세상은 확실히 달라진 걸 실감하였다.

가천대 이길여 총장님을 만났을 때도 감동하였다. 2년 전 『길을 묻다』라는 자전적 책을 내셨는데 큰 화제가 되었다. 시골소녀가 큰 뜻을 품고 서울대학교 의과대학에 진학하고 미국 유학후 귀국하여 길병원을 열어 의술을 펼친 이야기부터 가천대를 명문대로 키우기까지 진솔한 이야기가 담겨있다. 이 총장의 인생철학은 '박애'다. 어려운 사람을 도와 더 따뜻한 세상을 만드는 것이다. 꾸준히 박애를 실천하려면 먼저 스스로 역량을 키워야 한다. 이 총장은 남보다 수십 배 더 노력하며 역량과 성과를 쌓아온 분이다. 도전과 열정의 화신이다. 책을 읽고 소감을 써서 보냈더니 오랜만에 차 한 잔 하자면서 부르신다.

특유의 밝고 시원시원한 모습 그대로였다. 이날 한 시간 넘게 여러 이야기를 나눴는데 놀라운 것은 비단 열정만이 아니었다. 대화내용의 80% 이상이 미래에 관한 것이었다. 인공지능(AI) 시대에 새로운 인재교육의 방향, 새롭게 펼쳐지는 우주산업과 바이오산업, 대학의 미래상 등을 말씀하시며 끝없이 질문하신다. 90세라는 나이가 실감나지 않는다.

나이가 80, 90, 100세가 되어도 청년처럼 사는 분들이 늘어나고 있다. 나는 이런 분들에게 '청어'라는 이름을 붙였다. '청년처럼 사는 어르신'이라는 말을 줄인 것이다. 넓고 푸른 바다를 마음껏 헤엄치는 등푸른 생선 청어(靑魚)가 저절로 떠오른다. 청년처럼 사시는 어르신 청어를 보면 나도 모르게 존경심이 우러나오고 힘이 솟는다.

우리 사회에 어떤 분이 청어일까 찾아보았다. 국민건강을 위해 세로토닌 문화를 이끌고 계신 이시형 박사님, 한국의 탑건 소리를 듣는 영화 '빨간 마후라'의 주인공 신영균 선생님, KBS 〈가요무대〉를 통해 온 국민과 해외동포들에게 위안과 희망을 전해주시는 김동건 아나운서님, 만년 소녀 같은 모습으로 맑고 활기차게 노래하는 국민가수 김상희 님, 베스트셀러 만화 '식객' 등을 내셨고 TV에서 〈백반기행〉으로 전국을 누비시는 허영만 화백 등이 떠오른다.

이분들의 공통점이 무엇일까? 혹시 청어DNA가 있지 않을까? 이런 생각으로 공통점을 찾아 보았다. 네 가지가 떠오른다. 첫째는 미래에 대한 호기심이 강하고 유쾌하다. 둘째는 남을 돕는 걸 즐기고 공익적이다. 셋째는 긍정적이고 잘 웃는다. 넷째는 후배들과 소통을 잘하고 잘 어울린다

술자리에서 건배구호로 '청바지'를 외치는 분들이 있다. '청춘은 바로 지금부터'를 줄인 말이다. 시니어들이 너도나도 청바지를 입는 게 유행하기도 하였다. 그러나 청바지를 입는다고 청어가 되는 게 아니다. 젊은이 옷차림을 흉내를 낸다고 청어가 되는 게 아니다. 젊어서부터 청어DNA를 심고 꾸준히 가꿔온 분들이 청어가 되는 게 아닐까.

나도 어느새 70대가 되었다. 나이 먹는 일은 큰 노력을 안 해도 반드시 찾아온다. 나도 청어처럼 살 수 있을까? 인공지능도 공부하고 로봇에 관한 공부도 하고 신문명에 관한 서적도 읽어 본다. 세상의 변화를 알고자 하는 것이다. 모든 게 쉽지 않은 일이다. 요즘 문득 깨달은 게 있다. 이것저것 새것을 배우러 다니

다 생각해 보니 나를 가르치는 선생님은 모두 나보다 젊은 사람들 뿐이다. 새것을 배우는 과정에 가보면 젊은 선생님과 나이든 학생이 대세다. 첨단기술의 혁신주기가 짧아지다 보니 나타난 역전현상이다.

부모보다 자식이 똑똑하고 선배보다 후배가 똑똑하고 간부보다 병사가 똑똑한 세상이다. 당연히 세대갈등이 사회문제로 떠올랐다. 젊은이들은 나이든 사람들을 꼰대라고 부르며 무시하고, 나이든 사람들은 젊은이들이 버르장머리가 없다고 한탄한다. 일부에서는 일정한 나이 이상이 되면 굴러가라고 주장하기도 한다. 세대교체가 순리라는 것이다. 과거에는 30년쯤을 세대교체 주기로 여겼었다. 생물학적 세대교체인 셈이다. 그러나 지금은 평균수명이 크게 늘었다. 70대 80대도 젊은이 못지않게 활기찬 분들이 많다.

슈퍼 에이저라는 말이 있다. 나이는 80대인데 뇌 나이는 50~60인 사람을 일컷는 말이다. 옥토제너레이션이라는 단어도 새롭게 떠오르고 있다. 80대를 일컫는 말인데 이 나이에 활발하게 사회활동을 하는 인구가 계속 증가하며 주목받고 있다. 특히 오랜 경험과 지혜를 살려 전문직 분야에서 큰 활약을 하는 인물이 늘고 있다. 액티브 시니어란 말은 이제 널리 퍼져있다. 체력과 경제력을 갖추고 직장에 퇴직한 후에도 문화생활 사회생활을 활발하게 하는 중년이나 노인을 말한다. 이제 나이가 드셨으니 물러가라고 할 수 없는 세상이 되었다.

지금부터 새로운 해결책을 찾아야 한다. 바로 '세대협업'이다. 젊은이들은 첨단기술을 잘 다루고 글로벌 감각도 뛰어나다. 어르신들은 경험, 지혜, 인맥 등을 지니고 있다. 따라서 이를 서로 인정하고 협업을 하면 좋은 성과를 낼 수가 있고 사회적 갈등도 줄일 수 있다.

"너는 늙어봤냐. 나는 젊어 봤다."

한때 유행했던 말이다. 젊은이들이 어른들의 경륜과 지혜를 소홀히 하니 안타까워서 나온 말이다. 신세대와 시니어 세대가 서로 강점을 존중하며 세대협업을 하는 게 상생의 길이다.

정말 나는 115세까지 살 수 있을까? 김형석 교수님처럼 100세가 넘어도 활기차게 강의를 할 수 있을까? 내가 100세가 넘어도 아들딸에게 부담이 되지 않고 잘 어울릴 수 있을까? 매력적인 시니어가 많은 사회가 좋은 사회다. 나이가 들어서도 건강한 삶을 유지하며 세상을 위해 활기차게 활동하는 분이 많으면 이 자체가 젊은이들에게는 희망의 메시지가 아니겠는가.

나도 청어처럼 살고 싶다. 끝없이 다가오는 미래라는 바다를 향해 힘차게 헤엄치고 싶다. 요즘 내 마음 속에는 청어떼가 뛰놀고 있다.

〈나도 청어처럼 살 수 있을까?〉 필자 소개

윤은기
교수, 방송인, 작가 등으로 활약했다. '협업 전도사'로 불리며 'Mr. 콜라보'라는 별명까지 얻을 만큼 새로운 연결을 만들어내는 데 열정을 쏟고 있는 액티브 시니어.

'나의 브라보! 순간' 공모전 당선작

늦깎이 별의 반짝이는 독백

임상은

1986년 3월 30일, 서른 살의 나이에 저는 일곱 형제의 맏며느리가 되었습니다. 장남의 숙명처럼 시부모님을 모셔야 했고, 주변의 염려는 저의 어깨를 무겁게 짓눌렀습니다. 당시 저는 젊음의 패기인지 알 수 없는 용기인지 모를 힘에 '나도 능히 해낼 수 있다'고 외쳤지만, 현실은 모진 바람처럼 매서웠습니다.

시어머님은 완벽한 며느리를 기대하셨습니다. 음식 솜씨부터 집안일까지, 빈틈없는 살림꾼이 되기를 바라셨지만, 사회생활이 전부였던 저는 서툰 손길로 모든 것을 헤쳐 나가야 했습니다. 일곱 자녀를 키우시며 온갖 풍파를 겪으신 시어머님의 날카로운 질책에 눈물짓는 날들이 많았지만, 저는 꿋꿋이 어머님의 그림자처럼 부엌을 맴돌며 살림의 지혜를 배우고 익혔습니다.

　시간은 흐르고 흘러, 어느덧 어머니의 손맛을 고스란히 닮은 김치를 담글 수 있게 되었고, 묵직한 항아리 속에서 익어가는 붉은 고추장과 깊은 맛의 된장을 바라보며 흐뭇한 미소를 짓는 며느리가 되었습니다. 돌이켜보면, 그 모진 시집살이를 견딜 수 있었던 것은 숙성되어가는 장맛처럼 깊고 묵직한 '시간의 힘'이었던 것 같습니다. 오랜 시간을 품어야 비로소 제 맛을 내는 장처럼, 사람 또한 수많은 시간의 흔적 속에서 단단하게 여물어가는 존재임을 깨달았습니다.

　"나는 내가 빛나는 별인 줄 알았어요. 한 번도 의심한 적 없었죠. 몰랐어요. 난 내가 벌레라는 것을. 그래도 괜찮아. 난 눈부시니까."

(황가람, '나는 반딧불이' 中)

　황가람 가수의 '나는 반딧불이'는 어둠 속에서 홀로 밤을 지새우던 제게 작은 위로의 속삭임이었습니다. 노래를 들을 때면, 눈물로 얼룩진 시집살이의 아픈 기억들이 파노라마처럼 스쳐 지나갔습니다. 하지만 그 고된 시간을 꿋꿋이 버틸 수 있었던 가장 큰 힘은, 맑은 눈망울과 해맑은 웃음소리를 지닌 세 딸들 덕분이었습니다. 아이들이 학교에서 받아오는 상장들은 지친 어깨를 다독여주는 따뜻한 격려였고, 바르게 자라나는 딸들의 모습을 보며 고된 현실 속에서도 소소한 행복을 느꼈습니다.

그렇게 아이들이 어엿하게 성장하고, 주부 9단의 노련함이 몸에 밴 저의 삶이 비로소 잔잔한 호수처럼 평온을 찾아갈 무렵, 예상치 못한 또 다른 시련의 그림자가 드리워졌습니다. 시어머니께서 팔순이 되면서 서서히 기억의 조각들을 잃어가는 치매 증상을 보이시기 시작한 것입니다. 소녀 같은 미소와 끊임없이 이어지는 이야기꽃을 피우시며 활기 넘치던 어머니는, 어느 날부터 낯선 단어 앞에서 머뭇거리셨고, 말수가 점차 줄어드셨습니다.

아이들도 다 크고 나도 이제 자랑스러운 며느리가 되었구나, 어머님께 인정받을 수 있겠구나 싶었는데 어머님의 작아진 어린 아이 같은 모습을 보니 마음이 안 좋고 속상했습니다. 그러나 치매를 앓는 어머님을 24시간 보살펴야 하는 현실은 그 이상의 무게로 저를 짓눌렀습니다.

다행히 어머니의 치매 증상이 급격히 악화되기 전에 주간보호센터를 다니시면서, 저에게도 잠시나마 숨 쉴 틈이 생겼습니다. 센터에서 다양한 활동에 참여하시는 어머니는 이전의 활기를 되찾으시는 듯했습니다. 구성진 가락으로 동네잔치를 흥겹게 만들었던 '가수' 어머니의 밝아진 모습은 저에게도 큰 기쁨이었습니다.

하지만 짧았던 행복의 시간은 갑작스러운 슬픔 앞에서 덧없이 사라졌습니다. 갑작스러운 아버님의 별세 후, 어머니는 슬픔과 함께 찾아온 고관절 골절로 3년이라는 긴 시간 동안 차가운 병상에 누워 지내셔야 했습니다. 시간이 멈춘 듯 흘러갈수록 어머니의 상태는 눈에 띄게 악화되었습니다. 숟가락 들 힘조차 없으셨던 어머니는 오직 미음이나 단백질 음료로 겨우 생명을 이어가셨고, 스스로는 대소변조차 가릴 수 없는 상태에 이르셨습니다. 앙상하게 마른 몸은 욕창으로 신음했고, 어머니의 치매 증상은 점점 더 악화되었습니다. 결국, 사랑하는 가족들의 얼굴조차 알아보지 못하는 날들이 이어졌습니다.

어머니를 간호하는 시간 속에서, 저는 점차 세상과 단절된 채 집이라는 고립된 공간에 갇혀갔습니다. 남편과 세 딸은 새벽부터 밤늦도록 직장 또는 학교로 각자의 삶을 살아가느라 어머니의 간병은 오롯이 저의 몫이었습니다. 혹시나 어머니에게 위급한 상황이라도 생길까 노심초사하며, 융통성 없던 저는 집 앞 슈퍼마저 제대로 나가지 못했습니다. 대소변으로 얼룩진 수건과 이불을 빨래하며 홀로 감당해야 하는 현실의 무게에 짓눌려 하염없이 눈물을 흘리기도 했습니다.

어느 날, 뼈만 앙상하게 남은 어머니께 힘없이 밥을 떠드리며 저도 모르게 울먹인 적도 있습니다. "어머니, 저한테 왜 그렇게, 지금까지 모진 시집살이를 시키시나요?" 그 순간, 어머니께서는 무언가 느끼셨는지 미안한 얼굴을 지으셨습니다.

사실, 어머니께서 저를 힘들게만 하신 것은 아닙니다. 잔소리와 핀잔 속에서도 어머니의 애틋한 사랑을 느낄 수 있었습니다. 딸들이 초등학교 시절, 학교 갈 시간이면 어김없이 어머니는 딸들의 얼굴을 곱게 씻겨주시고, 헝클어진 머리를 정성스럽게 땋아주셨습니다. 늘 아름다운 모습으로 가꾸는 것을 즐기셨던 어머니는 한 푼 두 푼 모은 돈으로 저와 딸들에게 예쁜 옷을 선물해 주시기도 하셨습니다.

그리고 치매가 깊어지기 전, 어머니는 당신이 소중하게 모아오신 180만 원을 제 손에 쥐여주셨습니다. 그것은 어머니의 오랜 쌈짓돈이었고, 전 재산이었습니다. 그동안 고생했다는 따뜻한 위로의 말씀처럼 느껴져 주체할 수 없이 눈물이 쏟아졌습니다. 치매를 앓으신 후에도 돈을 모으시던 습관은 여전하셨는지, 그 뒤로는 휴지를 돈처럼 소중하게 접어 주머니에 넣고 다니셨습니다.

그 애처로운 모습을 볼 때마다 어머니가 물려주신 180만 원의 묵직한 사랑이 느껴져, 가슴 먹먹한 나날들을 보냈습니다.

미워하기도 하면서, 고맙기도 하고, 사랑하기도 하고, 어머니를 향한 저의 마음은 그렇게 복합적이었습니다. 그래서 절망의 순간에도 저는 책임감으로 돌봄의 끈을 놓을 수 없었습니다. 사랑과 헌신으로 어머니의 곁을 지켰습니다.

이후, 우연히 정호승 시인의 시 '낙과'를 읽었을 때, 땅에 떨어진 과일처럼 묵묵히 자신의 자리를 지키며 책임을 다하려 했던 제 모습이 떠올라 깊은 슬픔과 함께 진한 공감을 느꼈습니다.

> "내가 땅에 떨어진다는 것은/ 책임을 진다는 것이다/ 햇빛에 대하여/ 바람에 대하여/ 또는 인간의 눈빛에 대하여"

기나긴 병마와의 싸움 끝에 2016년 12월 11일, 어머니는 편안한 얼굴로 영원한 안식에 드셨습니다. 마지막 순간, 어머니는 힘겹게 눈을 뜨시더니 저를 한참 동안 말없이 바라보셨습니다. 그리고 마지막 숨을 거두시며 희미한 목소리로 무언가 말씀을 하셨지만, 안타깝게도 그 의미를 정확히 알아들을 수는 없었습니다. 하지만 저는 어머니의 따뜻하고 애틋한 마음을 온전히 느낄 수 있었습니다. 저 또한 뜨거운 눈물을 흘리며 마지막 인사를 전했습니다. "어머니, 사랑합니다. 부디 아무 걱정하지 마시고 편안히 돌아가세요." 오랜 시간 동안 저를 짓눌렀던 어머니에 대한 모든 서운함과 아쉬움을 깨끗이 용서하며, 어머니의 영면을 진심으로 빌었습니다.

어머니를 떠나보내고 맞이한 60대는 저에게 또 다른 삶의 전환점이 되었습니다. 건강만큼은 자신 있다고 믿었는데, 어느 날 갑자기 쏟아지는 코피에 놀라 찾은 병원에서 고혈압 진단을 받았습니다. 젊음의 특권이라고 생각했던 건강에 붉은 신호등이 켜진 것입니다. 지금은 꾸준한 관리 덕분에 많이 호전되었지만, 여전히 여러 종류의 약을 챙겨 먹으며 건강 관리에 힘쓰고 있습니다.

설상가상으로 코로나19의 어두운 그림자가 드리우던 무렵, 늘 헌신적인 사랑으로 저를 지켜주셨던 친정어머니마저 지병으로 세상을 떠나셨습니다. 연이은 슬픔은 깊은 상실감으로 이어졌고, 한동안은 헤어날 수 없는 슬픔의 늪에서 힘겨운 시간을 보냈습니다.

사랑하는 시부모님과 친정 부모님을 모두 떠나보내고 나니,

문득 제 자신의 삶을 되돌아보게 되었습니다. 텅 빈 집에서 홀로 보내는 시간은 끝없이 무료했고, '나는 과연 무엇을 위해, 어떻게 살아왔는가? 이제 남은 나의 시간은 어떻게 채워나가야 할까?'라는 묵직한 질문이 끊임없이 머릿속을 맴돌았습니다.

오랜 고심 끝에, 어린 시절부터 가슴 한 켠에 고이 간직해왔던 그림에 대한 뜨거운 열망이 다시금 강렬하게 타오르기 시작했습니다. 학창 시절, 저는 그림 그리기를 가장 좋아했고, 미술 시간만을 손꼽아 기다리는 순수한 아이였습니다. 엉성한 솜씨로 그린 제 그림을 보시고 친정 아버지께서는 '미술을 전공했으면 좋겠다'고 말씀하신 적도 있지만, 가난한 집안의 장녀였던 저에게 미대 진학은 감히 꿈꿀 수조차 없는 먼 이야기였습니다. 그렇게 아쉽게 접어야 했던 미술가의 꿈은 훗날 자랑스러운 첫째 딸이 대신 이루어주었습니다.

오랜 망설임 끝에, 저는 용기를 내어 지역 문화센터의 문을 두드렸습니다. 굳게 닫혀있던 세상으로 나아가는 떨리는 첫걸음이었습니다. 처음에는 지역 여성회관에서 수채화를 배우고 소박한 아름다움에 매료되어 붓과 함께하기 시작했고, 현재는 주민센터에서 맑고 투명한 어반스케치의 매력에 푹 빠져 그림 수업을 듣고 있습니다. '왜 더 일찍 시작하지 않았을까' 하는 아

쉬움이 들 정도로 그림을 그리는 매 순간이 행복하고, 캔버스 앞에서 시간 가는 줄 모를 정도로 몰두하고 있습니다.

저조차도 제 안에 이렇게 뜨거운 그림에 대한 열정이 숨겨져 있었는지 놀라울 따름입니다. 붓끝에서 섬세하게 피어나는 색의 향연 속에서, 저는 비로소 삶의 진정한 기쁨과 깊은 치유를 경험합니다.

캔버스 위에 펼쳐지는 다채로운 색감과 붓의 움직임에 집중하는 동안, 세상의 모든 시름은 잠시 잊혀지고 오롯이 현재에 집중하는 행복을 느낍니다. 때로는 아름다운 자연 풍경을 화폭에 담으며 자연의 위대함과 섬세함에 감탄하고, 때로는 제 마음속 깊은 곳에 자리한 복잡한 감정들을 자유로운 선과 색으로 표현하며 스스로를 위로하고 치유하기도 합니다. 앞으로 더욱 다양한 기법과 재료를 배우고 탐구하여 저만의 독창적인 작품 세계를 구축해나가고 싶습니다.

또한, 지난해 가을 여성회관에서 수업을 받을 당시 회원들과 함께 지역 문화 행사에서 전시회를 연 적이 있습니다. 비록 제 작품은 작은 부분이었지만, 제 이름으로 걸린 작품을 보았을 때의 뿌듯함과 벅찬 감동은 잊을 수 없습니다. 그때 작게라도 나의 전시회를 열고 싶다는 소망을 품게 되었습니다. 언젠가 제 그림을 통해 다른 사람들과 따뜻한 감정을 나누고 깊이 있는 소통을 할 수 있기를 희망합니다.

그림을 배우면서 잃어버렸던 삶의 활력을 되찾았고, 같은 취미를 공유하는 소중한 친구들을 얻게 된 것은 예상치 못한 큰 기쁨입니다. 함께 맛있는 음식을 나누고, 향긋한 커피를 마시며, 묵묵히 살아온 서로의 인생 이야기를 진솔하게 나누는 시간들은 메마른 저의 일상에 촉촉한 단비가 되어줍니다. 살면서 처음 가본 수락산 도립공원의 아름다운 풍경 속에서 맑은 공기를 마시며 살아있음을 생생하게 느끼고, 젊은 친구들과 함께 최신 가요인 황가람의 '나는 반딧불이'나 로제의 '아파트'를 듣고 이야기 나누는 소소한 즐거움은 삶의 활력소가 됩니다.

어느덧 그림을 시작한 지 5년이라는 시간이 쏜살같이 흘렀습니다. 창밖으로 스쳐 지나가는 아름다운 사계절의 변화를 두 눈에 담고, 제 손으로 직접 그림을 통해 표현할 수 있다는 사실에 매일 감사하며 살아갑니다.

모진 눈물과 가슴 시린 사랑, 묵묵한 책임감과 끈기 있는 인내. 그 모든 희로애락의 순간들이 있었기에 비로소 지금의 제가 존재한다고 믿습니다. 한때는 스스로를 보잘것없는 초라한 개

똥벌레라고 생각했던 어두운 시절도 있었지만, 이제는 제 안에서 은은하게 빛나는 작지만 소중한 별 하나를 발견했습니다. 서툴지만 진심을 담아 그려나가는 저만의 그림처럼, 앞으로도 제 삶의 빛나는 순간들을 캔버스 위에 아름답게 채워나가고 싶습니다. 저는 진정으로 빛나는, 진짜 빛나는 별이었습니다.

〈늦깎이 별의 반짝이는 독백〉 필자 소개

임상은
직장 생활을 하다 결혼 후 전업주부로 전향해 시부모를 봉양하고 세 딸을 훌륭하게 키웠다. 이러한 헌신을 인정받아 2011년 수원시로부터 효부 표창장을 받은 바 있다. 이후 문화센터에서 그림을 배우고 취미로 그림을 그린다. 창작을 통해 삶의 위안을 얻고 새로운 인생의 방향을 모색하고 있다.

'나의 브라보! 순간' 공모전 당선작

암이 가져온 새로운 인생 2막

김석순

"직장암입니다."
치질인 줄 알고 찾아갔던 병원에서
생전 들어보지도 못한 직장암이라는 진단을 받았습니다.
청천벽력 같은 소식 앞에
"의사 선생님, 어려운 말씀하시느라 고생하셨습니다."
그야말로 쥐가 고양이를 배려하는 듯한
내 모습에 쓸쓸한 웃음이 나옵니다.

암…
세상 사람들이 바라보는 암 환자.

"얼마나 못된 짓을 했으면 암에 걸렸을까?"
말하지는 않아도 그렇게 생각하는 사람들이
흔합니다.
오죽하면 "암에 걸려서 죽어라."라는 악담이 있을까요?
"내가 그렇게 못되게 살았나?"
"나만큼 성실하게 산 사람도 드물 텐데…"

이런저런 혼란스러운 생각은
7년이 지난 지금도
내려놓지 못하고 마음 한쪽에 한 보따리 쌓아두고 있습니다.
행여 거짓말하다가
들킬까 봐 꽁꽁 숨기는 꼬맹이처럼
나는 친구들에게도 내가 암 환자라는
사실을 말하지 않았습니다.
최후의 자존심이 무너지는 느낌이 싫었습니다.
항문과 거리가 가까워서
항문을 살릴 수 없었고,
일명 똥주머니(장루)를 차고
평생을 살아야 한다는 의사의 소견을

도저히 감당할 수 없었습니다.

그래서 1년 동안

한의원을 다니며 수술을 미뤘습니다.

현대 의학을 따르는 자식들은 매일같이 수술을 권하기에

'자식 이기는 부모 없다'는 말처럼

결국 1년 후에 수술을 받았습니다.

참으로 돌이키고 싶지 않은 현실 앞에서

'죽음보다 더한 악몽 같은 삶도 있구나'

하는 것을 깨달았습니다.

그야말로 잘 먹고, 잘 싸고, 잘 자는

그 흔해빠진 일상이

인생 최고의 행복이라는 것을

그때는 몰랐습니다.

우리는 공기가 당연히 있고,

우리는 마실 물이 당연히 있는 것이라 생각하지만,

세상에 당연한 것은 없는 게 아닐까요?

우리는 당연함에 감사할 줄 모르고 살고 있지는 않을까요?

나는 그랬습니다.

"화장실 가는 일이 뭐 그리 대수라고?"

변비도, 설사도
나와는 먼 이야기였습니다.
그런데 하루 40~50번 화장실을 들락거리며
볼 일을 보다 보니,
항문이 아프지 않을 리 없었습니다.
이 연고, 저 연고 다 발라보고
꿀까지 발라보았지만,
불타는 듯한 항문의 통증은
진통제만이 유일한 처방이었습니다.
감히 외출은 꿈꿀 수도 없었고,
어쩔 수 없이 외출해야 하는 날에는
전날 저녁부터 종일 굶어야 했습니다.
그뿐인가요?
똥주머니를 차고
밤에 자다가 똥 세례를 받기도 했습니다.
급기야는 밥 먹는 것조차 싫어졌습니다.
참, 사람의 생명력은 대단합니다.
"저러고도 살고 있냐?"
"참… 나 같으면 벌써 죽었을 텐데…"

우리는 무심코 남의 불행을 보고 이런 말을 합니다.
그런데 우주에 살아 있는 것은
모두 살고자 하는 강한 생명력을 가지고 있나 봅니다.
똥주머니를 차고도
밥을 꾸역꾸역 먹고 있는 내 모습이
사람 같지도 않고,
마치 정신이 나간 사람처럼 느껴졌습니다.

36년이라는 세월 동안
아이들에게 수학을 가르쳤습니다.
마지막 수업은 방배동에서 운영하던 수학 공부방에서
2018년 11월에 마무리했습니다.
"아, 내가 너무 열심히 살았더니
신이 휴가를 주나 보다.
좀 쉬었다가 하늘로 가라는 뜻인가 보다."
스스로 위안하면서,
보험회사에서 나온 암 진단비로
시골 부모님이 물려주신 집과 땅,
전세 보증금을 정리하고

서울과 시골을 왔다리 갔다리

왕초보 농부가 되었습니다.

인생 2막이 시작되었습니다.

나는 시골 출신이지만,

아버지는 항아리를 만드셨고,

어머니는 항아리를 팔았습니다.

그래서 농사를 지어본 적이 없었고,

어설픈 호미질조차 신기하고 재미있었습니다.

늦가을에 심은 양파잎이

얼어 죽지 않고 겨울을 버티는 모습을 보며

구멍이 뻥뻥 뚫린 완두콩을 심으면

주렁주렁 열리는 것을 보며

허리 아픈 것도, 힘든 고생도

잊을 수 있었습니다.

그리고 토란은 키가 크고 잎이 넓어서

청개구리가 물 마시고 놀기에 좋은 잎을 가졌습니다.

그걸 바라보고 있으면

나도 모르게 힘이 솟아

토란 심기를 즐기게 되었습니다.

가을에 커다란 토란대를 베어다가

여기저기 무료로 나눠주는 것도

신나는 놀이였습니다.

내가 초등학교를 다니던 60년대는

참 가난한 시절이었습니다.

농촌에서는 어린아이들도 밭일을 도왔습니다.

우리 집은 농사를 짓지 않았기에

이제야 농사를 놀이 삼아 한다고

친구들은 말합니다.

맞는 말입니다.

내 친구들은 참외순 잡는 일이 너무 싫어서

중학교 진학도 포기하고

도시로 나왔다고 합니다.

일체유심조(一切唯心造).

마음먹기에 따라

행복과 불행이 결정됩니다.

기왕 암 환자가 되었으니

슬퍼하면 무엇하겠습니까?

어떠한 경우에도

긍정의 법칙을 따르는 나는

암 또한 반길 손님은 아니지만

주어진 현실 속에서

행복을 찾으려 합니다.

수업시간에 쫓겨

지하철 환승을 위해 뛰어다니고

강남 길거리에서

한 겨울에도 김밥 한 줄 사 먹으며 살았지만

백수가 되어버린 지금은

시골 창문 밖으로

옥수수잎에 후두둑 떨어지는 빗소리를

넋 놓고 들어도

시간이 나를 내쫓지 못합니다.

이 얼마나 낭만적인가요!

여름이 되어 하지가 오면

맨발로 빨간 감자를 캐며

아이처럼 즐거워합니다.

발가락 사이로 스며드는 흙의 촉감을 느끼며

밥 먹는 것도 잊고

해가 서산에 기울 때까지 몰입할 수 있는

이 행복을 아는 사람이 있을까요?

세상은 아름답습니다.

벌레 먹은 잎을 바라보며

"그래도 살아 있어서 다행이야."라고 생각하면,

그것도 아름다운 것입니다.

내 삶이 이렇게 시들어간다 해도

서러워하지 않을 것입니다.

아파보니

아픈 이들의 마음을 헤아릴 수 있게 되었고

길어 보였던 인생길도

쉬어 보니

얼마 남지 않았음을 깨닫고

하루하루가 더욱 소중해졌습니다.

오늘 밤에도

하늘의 별은 나를 보며

응원과 격려의 반짝임을 보내줍니다.

인생은 서러워할 것도

슬퍼할 것도 없이

강물처럼 흘러가는 것입니다.

〈암이 가져온 새로운 인생 2막〉 필자 소개

김석순

유아교육 전공을 살려 어린이집 방과후 교사로 커리어를 시작한 뒤, 강남에서 초·중 수학을 지도했다. 이후 방배동에서 수학 공부방을 운영하다 암 진단으로 36년간의 수학교육을 마감했다. 현재는 고향인 충남 도고에서 농부로 새로운 삶을 일구고 있다.

'나의 브라보! 순간' 공모전 당선작

퇴직 후의 리-드리머(Re-Dreamer)를 꿈꾸며…

김선경

1,050일 후, 저는 수십 년 동안 몸담았던 교직 생활을 마치고 자연인이 됩니다. 이 글을 쓰는 지금, 36년의 교직 생활이 주마등처럼 스쳐 가며 가슴이 뭉클해지고 벅차오릅니다. 평교사로 시작해 지금의 교육장이 되기까지 수많은 사연들이 있었습니다. 특히 두 번의 해외 파견 경험은 교직에 갇혀 있던 저에게 넓은 세상을 향한 시야를 열어주는 아주 특별한 경험이었습니다. 힘들고 고단했던 날들도 있었지만, 그 이상으로 즐겁고 행복했으며 보람도 많이 느꼈습니다.

이제 몇 년 후면 정들고 익숙했던 교직 생활의 긴 여정을 마치고 오롯이 '사람 김선경'이라는 타이틀로 인생 2막을 맞이하게 됩니다. 약간은 낯설지만 설렘과 기대가 더 큽니다.

그동안 나만의 제2의 인생을 꿈꾸며 여러 가지 도전을 하며 준비도 해왔습니다. 윤리, 일본어, 상담 및 임상 심리, 통합예술치료 등 다양한 분야를 전공했고, 관련 자격증도 다수 취득하였습니다. 현재 '마음돌봄 자기성장 교육연구회'를 운영하며 교직자들과 함께 자신의 심리적, 신체적 건강을 돌보고 현재의 일에 의미를 찾으며, 나아가 자기 성장 속에서 체계적인 생애 설계를 할 수 있도록 도와주는 활동을 하고 있습니다.

이제, 준비해 왔던 이 모든 것들을 엮어 미래의 나 만의 세계를 멋지게 구축해 보려고 합니다. 그럼 지금부터 제가 꿈꾸고 있는 나의 미래에 대해 고백해 보겠습니다.

첫째, 다양한 댄스를 배우고 싶습니다.

저는 어렸을 때부터 고전무용을 했습니다. 비록 큰 대회에서 수상은 못했지만 춤추는 것을 좋아했고 그래서 어른이 되어서도 고전무용, 살사댄스, 라인댄스 등을 배웠습니다. 건강에도 좋고 나의 감정을 온전히 몸으로 표현할 수 있는 댄스를 배워 다양한 무대에서 멋지게 춤을 추면서 노후를 즐겁고 유쾌하게 보내고 싶습니다.

둘째, 단역에 도전해 보고 싶습니다.

중고등학교때부터 대학생때까지 연극을 한 경험이 있습니다. 간혹 퇴직 후에 단역에 도전하면서 새로운 연기 인생을 사시는 분들을 매체에서 접하고는 합니다. 이런 분들을 보면서 용기를 내어 저도 단역에 오디션을 보면서 기회가 주어진다면 작은 역할이라도 한번 해보고 싶다는 조금은 허황될 수 있으나 꼭 이루고 싶은 꿈을 가지고 있습니다.

셋째, '세계테마기행'에 출연해 보고 싶습니다.

교직 생활을 하면서 세계테마기행의 출연을 꿈꾸며 EBS에 문의한 적이 있습니다. 대상자로 선정된다 하더라도 약 10일 정도의 촬영 기간이 필요하다는 이야기를 듣고 포기한 적이 있는데 퇴직 후에는 꼭 한번 도전해 보려고 합니다. 제가 소개하고 싶은 나라도 이미 정해 놓았습니다. 이 나라를 재미있고 흥미롭게 소개하면서 시청자들에게 호기심과 감동을 주는 아주 특별한 경험을 하고 싶습니다.

넷째, 세계 여행을 계획하고 있습니다.

저는 교직 생활 동안 아주 운 좋게 두 번의 해외 파견 경험을 했고 거기에서 세계의 다양한 사람들과 만나서 활발하게 교류도 했습니다. 많은 나라들을 즐겁게 여행하면서 여건이 된다면 유튜브 촬영으로 중장년층에게 안전하고 여유롭게 즐기면서 할 수 있는 해외 여행 사례를 소개해 주고 싶습니다. 또한 남미와 크루즈 여행 등을 할 때는 배운 다양한 댄스를 현지인들과 함께 추며 삶의 활력을 느껴보고 싶습니다.

다섯째, 통합예술치료로 상담도 하고 강의를 하며 심리적으로 어려움을 겪고 있는 사람들에게 조그마한 위로를 주고 싶습니다.

저는 대학원에서 상담 및 임상 심리 전공으로 석사 학위를 취득했고, 아울러 통합예술치료로 박사과정을 수료하였습니다. 학교에서 근무할 때는 심리적으로 힘들어하는 학생, 학부모들을 대상으로 대면 상담을 하였고, 또한 교육청 직속 기관에서 선정한 상담사로 활동하며 교직원들에게도 많은 상담을 실시한 경험이 있습니다. 이러한 상담 경험들을 바탕으로 대학원에서 배운 이론들과 접목하면서 다양한 프로그램을 구안하여 수십 차례 강의를 하였고 나름 많은 보람을 느끼기도 하였습니다. 따라서 퇴직 후에도 지금까지 한 경험을 살려 심리적으로 어려움을 겪는 이들에게 상담도 하고 강의를 하면서 도움을 주고 싶습니다.

여섯째, 생애 설계 전문가와 라이프 코치로 활동하고 싶습니다.
저는 대학원에서 일본어 교육으로 석사 학위를 취득하고 4년 6개월 동안 일본에서 파견 근무를 하였습니다. 그때 우리나라보다 초고령 사회를 훨씬 더 빨리 겪고 이에 대한 여러 가지 대비책을 준비하고 마련한 일본에서 많은 것을 배웠습니다. 따라서 퇴직 전후에 인생 2막을 준비하는 사람들(특히 교직자)에게 필요한 정보를 제공하며 그들이 제2의 인생을 설계하는 데 도움을 주고 싶습니다. 제 주변에는 교직에 근무를 하면서도, 또한 퇴직을 앞두고 앞으로 어떤 삶을 살아야 할지 막막해하는 분들이 많이 있습니다. 이러한 분들에게 현직에 있으면서 미리 미리 자신의 생애 주기에 맞는 진로를 탐색하고 설계할 수 있도록 마인드 제고뿐만 아니라 실질적 준비까지 도움을 줄 수 있는 사람이 되고 싶습니다. 이러한 활동으로 미약하지만 사회에 조금이라도 선한 영향력을 줄 수 있다면 보람된 인생 2막이 되지 않을까 생각합니다.

마지막으로, 인생 후배, 특히 교직 후배들에게 참고가 될 만한 책을 출판해 보려고 합니다.

러시아의 극작자 안톤체홉의 '벚꽃동산'에서 노인이 마지막으로 한 대사… "살긴 살았는데 도무지 산 것 같지 않아."

저를 포함하여 우리 주변에는 이러한 삶을 사는 사람들이 많이 있다고 생각합니다. 내가 누구인지, 나는 무엇을 좋아하는지, 나는 어떻게 살고 싶은지… 이러한 성찰이나 고민없이 주어진 일에 허덕거리며 달리다 보면 어느덧 정년이라는 세월이 우리를 기다리고 있습니다. 퇴직 후 아무 준비 없이 세상에 내던져져 황망한 마음으로 하루 하루를 보내고 있는 주변의 퇴직자들을 보곤 합니다. 그래서 재직 중에 나름 퇴직 후의 삶을 준비해 왔던 나의 경험들을 담아서 책으로 세상에 내놓고 이러한 나의 도전과 노력들이 후배들에게 조금이라도 도움이 되었으면 좋겠다는 소박한 꿈을 가지고 있습니다.

지금까지 교직 생활을 돌아보며, 앞으로 퇴직 후에 펼쳐질 인생 2막에서의 나의 계획들에 대해 솔직하게 적어 보았습니다. 단 한번 주어진 인생이기에 저는 늘 '나답게 산다는 것'이 무엇인지에 대해 생각하며 나와의 깊은 대화를 하려고 노력합니다. 더더욱 기대 수명이 100세 이상으로 늘어난 현대 사회에서는 주어진 인생을 긴 호흡으로 준비하며 생애 주기별로 삶을 설계 하는 것이 무엇보다 중요한 일이라고 생각합니다.

설렘과 기대가 가득합니다. 나에게 이러한 멋진 꿈들이 있기에 현재의 직장 생활도 보람되고 소중하게 느껴집니다. 그래서 행복하고, 퇴직 후가 두렵지 않습니다.

제가 계획하고 있는 많은 꿈들을 생각하며 벅찬 가슴으로 오늘 하루도 힘차게 출발하는 저는 영원한 리-드리머(Re-Dreamer)입니다.

〈퇴직 후의 리-드리머(Re-Dreamer)를 꿈꾸며…〉 필자 소개

김선경

교사에서 출발해 현재는 교육장으로 근무하고 있다. 퇴직 후 세계여행, 심리상담, 강의, 책 출판에 생애 설계 전문가, 라이프 코치까지 설렘과 기대로 어우러진 멋진 꿈들이 있어 행복하게 성장하는 중이다. 이루고 싶은 꿈을 생각하며 벅찬 가슴으로 직장에서 보람차게 하루를 보내는 영원한 '리-드리머'다.

'나의 브라보! 순간' 공모전 당선작

공동체주거 활동가의 꿈

김수동

"아~ 이렇게 혼자 오래 살 줄 몰랐어."

소프트웨어 프로그래머로 직장 생활을 시작하여 IT 벤처기업의 경영자로 대박의 꿈을 향해 치열한 삶을 살고 있었다. 빠르게 변화하는 산업 속에서 사업을 확장하고, 성장의 기쁨을 누리며 바쁜 나날을 보냈다. 하지만 정작 내 삶을 돌아볼 여유는 없었다.

그러던 어느 날, 가까운 형님이 갑작스럽게 세상을 떠났고 학생들을 태우고 수학여행을 가던 배는 바다에 가라앉아 다시 떠오르지 못했다. 감당하기 힘든 슬픔에 오랫동안 힘들었다. 그제야 주위의 사람들이 보이기 시작했다. 고령의 어머니와 함께 사는 내게, 자연스럽게 도시에서 혼자 사는 노인들의 모습이 눈에 들어왔다.

"아~ 이렇게 혼자 오래 살 줄 몰랐어."

한 어르신의 이 탄식이 머릿속에 박혀 지워지지 않는다. 도시에서 나이 든다는 것은 어떤 의미일까? '노인을 위한 집은 없다'라는 말처럼, 우리의 주거 환경은 노년의 삶을 고려하지 않고 있다. 혼자 살아야 하는 노년, 높은 주거비, 점점 단절되는 사회적 관계. 이 문제를 해결할 방법이 없을까? 고령화는 피할 수 없는 현실이지만, 노년의 사회적 고립은 피할 수 있는 것 아닌가? 나는 이러한 문제를 내 인생 후반의 새로운 과제로 결정했다.

'공동체주거'라는 새로운 삶의 방식

IT 벤처 경영자의 삶을 접고 공동체주거라는 새로운 길을 찾았다. 부동산은 전문가의 영역이라 여겨졌지만, 전문가들이 만들어놓은 시스템은 결국 주거를 상품화하고 자본에 종속되게 만들었다는 사실을 깨달았다. 주거는 상품이 아니라 삶의 터전이 되어야 한다.

나는 시민이 주체가 되는 사회적 접근 방식을 모색했다. 혈연 중심의 가족을 넘어 사회적관계를 기반으로 하는 다양한 커뮤니티가 협력적 방법으로 주거와 삶의 문제를 풀어가는 것이다. 고령화, 베이비부머, 주거, 공동체, 공유경제를 키워드로 사회적경제와 사회혁신을 배우고 익혔다. 공동체주택 추진모임에 참여하여 주택이라는 물리적 공간을 넘어 주거커뮤니티를 형성하는 과정에 깊이 빠져들었다. 그 결과, 나는 '공동체주거 코디네이터'라는 새로운 직업을 만들어냈다.

그렇게 서로의 여백을 채우는 10가구의 행복한 집짓기 끝에 나의 집이자 우리 집인 공동체주택 '여백'이 만들어졌다. 이곳에서 나는 소중하고 다정한 이웃들과 더불어 살고 있다. 함께 밥을 나누고, 서로를 돌보며, 공동의 공간을 가꾸는 경험은 삶의 커다란 전환점이 되었다. '집'은 단순한 부동산이 아니라, 함께 살아가는 공간이 되어야 한다는 확신이 들었다. 이 경험을 바탕으로 책 『쫌 앞서가는 가족』(2017)을 출간하기도 했다.

공동체주거 활동가 10년

 공동체주거, 직접 살아보니 내 생각이 틀리지 않음을 확인했고, 기대 이상으로 삶의 질이 좋아지는 것을 경험했다. '내 집에서 나이 들기(Aging in place)'라는 개념을 확산시키고 싶었다. 그래서 중장년 당사자들의 주거전환 운동 단체, 더함플러스협동조합을 만들었다. 우리는 '소그룹 공동체에 의한 협력적 주거'라는 새로운 주거 대안을 개발하며, 주거공공성 확대와 공동체 회복을 실천해 왔다.

 이제 더함플러스협동조합 이사장직은 물러났지만, 나의 활동은 더욱 확장되었다. 시민출자 청년공유주택 터무늬있는집을 공급하는 터무늬제작소 소장, 청년 전세사기 피해자 지원을 위한 탄탄주택협동조합 이사장, 경기도 사회주택위원, 서울시 공동체주택 전문위원. 신문 칼럼니스트. 다양한 직책과 역할로 함께 사는 즐거움을 알리기 위해 애쓰는 나는 '공동체주거 활동가'다.

이제는 고령자 주거복지 전문가로

올해로 공동체주거 활동을 시작한 지 10년. 이제는 본격적으로 고령자 주거 문제 해결에 나서려 한다. 초고령사회로 접어든 지금, 정부에서도 '시니어 레지던스 활성화 방안' 정책을 발표하며 관심을 보이고 있다.

한국 사회에서 노인의 주거는 실버타운과 요양원이라는 이분법적 사고에 갇혀 있다. 그러나 고령자에게 주거와 돌봄은 분리될 수 없는 것이다. 주거 및 요양시설의 공급확대 이전에 나이가 들어도 내 집에서 오래도록 살 수 있는 지역사회통합돌봄 인프라가 구축되어야 한다. 이러한 기반 위에 다양한 형태의 고령자주택이 필요하다. 고령자주택은 폐쇄적인 시설의 이미지를 벗어나 내 집 같은 편안함을 줄 수 있어야 한다. 이용자, 가족, 운영기관, 지역사회가 함께 하는 개방적 공간이어야 한다. 그렇게 공동체가 살아 있는, 나이 들어도 안심하고 살 수 있는, 노인을 위한 '집'이 필요하다.

나는 고령자 주거복지 전문가로서 역량을 키우기 위해 올해 방송대 사회복지학과에 입학했다. 졸업 후에는 고령자주택 커뮤니티 매니저가 되어 일하고 싶다. 지난 10년의 활동은 앞으로 펼쳐갈 새로운 도전의 탄탄한 기반이 될 것이다.

새로운 삶을 위한 전환의 기술

5060 중장년세대는 주된 일(자리)을 떠나 새로운 일과 삶을 준비해야 한다. 변화는 누구에게나 힘든 일이다. 그래서 전환의 기술이 필요하다. 너무 급하거나 무리한 전환은 돌이킬 수 없는 사고로 이어진다. 내가 익힌 전환의 기술을 공유한다. 이 기술만 잘 익히면 어디든 갈 수 있고, 누구든 만날 수 있고, 무엇이든 할 수 있다.

나는 자연인이다

지위와 역할로 대접받던 어제의 기억은 하루빨리 지우자. 그리고 당장 뭘 해야 한다는 조급함과 부담도 내려놓자. 이제 나는 뭐든 할 수 있고 꼭 잘하지 않아도 된다. 명함이 없는, 아무것도 아닌 사람의 자유를 누려 보자.

혼자서도 잘해요

자연인의 자유도 무조건 누릴 수 있는 것은 아니다. 이제 아무도 나를 챙겨주지 않는다. 지금까지 나를 위해 그림자노동을 감당해 왔던 가족에게 진심으로 감사하며, 하루빨리 독립생활자의 능력을 갖춰야 한다. 무슨 일을 하던 스스로 일을 완결할 수 있어야 한다. 그럴듯한 말만 하면 알아서 척척 해 내는 훌륭한 직원들은 이제 내게 없다. 누구나 언젠가는 홀로 남는 시대, 밥하고 청소하고 빨래하는 살림의 주체가 되는 일은 그 무엇보다 절실한 생존의 기술이다. 사회혁신도 좋지만 스스로 1인분의 삶을 감당하는 자기혁신이 우선이다.

관계능력 강화

인맥에 메이지 말고 느슨한 연결의 관계망에 어울려 보자. 혈연, 지연, 학연은 물론 다양한 명분의 끈으로 이어진 사람들, 이해관계가 앞서고 알게 모르게 경쟁과 서열이 작동하는 그 인맥들, 관계를 유지하려면 서로에게 신뢰와 충성을 증명해야 하기에 부담스럽고 피곤하다. 그나마도 현직에서 물러나면 상당수는 다시 보기가 어색한 관계로 전락하고 만다. 이제 혈연, 지연, 학연의 부담스런 인맥이 아닌 가치와 취향을 공유하는 다양한 사람들과 느슨하고 자유로운 커뮤니티 활동에 참여해 보자. 이러한 커뮤니티는 관리가 필요한 부담스런 관계가 아니다. 서로를 소중히 여기며 나답게 그답게 우리답게 어울릴 때, 우리 삶은 더욱 아름답고 풍부해질 것이다. 특히 내가 사는 동네에서 편하게 어울릴 수 있는 슬세권 이웃은 가족보다 더 소중한 존재가 될 수도 있다.

N잡러

이제 과거와 같이 안정적인 소득을 보장하는 풀타임 잡은 기대하기 힘들 것이다. 그렇다면 우리의 일과 활동을 다음과 같이 재구성하면 어떨까? 나를 위한 일, 공동체를 위한 일, 우리 사회를 위한 일, 그리고 돈 버는 일과 돈은 잘 못 벌어도 의미와 가치 있는 일. 이렇게 말이다. 일에 대한 생각을 바꾸면 벌이는 좀 줄어도 의미 있는 존재로서 나이들 수 있을 것이다.

걷기와 글쓰기

치유와 성찰을 위해 이보다 더 좋은 방법을 나는 아직 모른다. 나름 치열하게 살았고 세상을 알 만큼 안다고 생각했는데, 막상 뭘 어떻게 해야 할지 모르는 막막함과 두려움이 느껴진다면 걷자. 걸으면서 생각하고 생각을 글로 옮겨 보자. 마주하기 두려워 마음 깊숙이 꼭꼭 숨겨두고 차마 열어 보지 못한 아프고 부끄러운 기억이 있다면, 과감히 열어 마주해 보자. 우리는 모두 그 누구도 대신할 수 없는 내 삶의 스토리텔러이다. 걷고 쓰다 보면 어느덧 유연하고 당당한 자신을 발견할 것이다.

각자도생의 시대, 나는 오늘도 외로움의 습격에 맞서기 위해 '그 누구도 홀로 외롭지 않은, 더불어 사는 세상'의 꿈을 향해 나선다. 함께 가자 우리 이 길을.

〈공동체주거 활동가의 꿈〉 필자 소개

김수동

사회주택과 공동체 주거를 통해 함께 사는 즐거움을 전하며, 더불어 사는 세상을 꿈꾸는 10년차 사회활동가. '터무늬있는집', '덕산휴가', '탄탄주택협동조합' 등에서 사회 연대와 세대 간 연대를 바탕으로 주거 문제 해결에 앞장서고 있다.

늦바람

박용호

　세상은 인연과 행운으로 인해 꿈이 싹트고 변화가 일어나는 멋진 곳이다. 근래 이미지 변화가 생긴 내 모습도 이와 무관치 않다.
　운칠기삼(運七技三)이란 말이 있다. 말 그대로 세상의 모든 일은 운이 7할, 실력이나 기술이 3할을 차지한다는 7:3 법칙이다. 비근한 예로 고스톱을 쳐 보면 그 날의 승리자는 화투패가 잘 들어오고 뒤집는 패가 잘 맞는 사람이다. 경마의 경우, 경주마 : 기수 = 7:3. 장사가 잘 되는 식당의 경우, 장사 길목 : 음식 솜씨 = 7:3. 어떤 사람을 만나고 어떤 운이 생기는지에 따라 운명이 바뀐다. 부모 운, 배우자 운, 친구 운, 상사 운, 동료 운 등등.

대기업 31년과 중소기업 약 6년 근무를 마치고 은퇴한 내가 60대 중반이 넘어 자전 에세이 『뜨겁게 전진하고 쿨하게 돌아서라』를 출간했다. 당초 계획했던 일도 아니었다.

일의 발단은 이렇다. 지금으로부터 약 2년 전 대기업 은퇴자 OB 모임회에 '글쓰기 동아리'가 생겼다는 공지가 떴다. 별 관심을 두지 않고 있던 어느 날, 동아리 사무총장을 맡게 되었다는 후배로부터 연락이 왔다. "형님, 회원 모집을 하고 있는데 형님은 회원 가입을 하셔야죠" 하고.

무슨 글을 쓰냐고 보이콧을 하자 운영에 필요한 인원이 부족하니 가입해 달라는 것이었다. 후배의 청을 저버릴 수가 없어 끌려가는 심정으로 동의를 했다.

2023년 3월, 첫 모임이 있었는데 인원이 부족하여 회원 확보를 더 하여 정식 발족을 6월부터 하자고 헤어졌다. 외출한 김에 다른 일도 보고 집으로 오면서 곰곰이 생각을 해봤다. 시를 써 본다고 끄적거려 보았던 학창 시절, 직장 생활하면서 기록했던 메모들, 10년 넘게 적어 온 일기장, 지인들이 준 자서전 등이 갑자기 동영상처럼 보이기 시작했다. 그러더니 '도전해 봐!'라는 메시지로 변하기 시작했다. '그래, 막연하나마 책 한 권이라도 내봤으면 하는 소망을 가진 적도 있었잖아' 하고 혼잣말을 속삭였다.

'그래, 쇠뿔도 단 김에 빼라.' 집에 오자마자 종이를 펴 놓고 개략적인 책 골격을 그렸다. 다른 저자들의 책 목차 및 소제목 구성도 참고하되 차별화된 자전 에세이를 구상했다. 소제목 밑 소소제목 단위로 하나의 글이 되고, 웹툰 같은 구성으로 독자에게 궁금증을 유발하고, 직장 후배들에게 실무적으로 도움을 주고, 절대 자랑하는 글이 되게 하지 않는다는 원칙을 정했다.

대략 골격이 잡아지니 글쓰기의 속도가 오르고 시간 가는 줄 모르고 밤낮으로 매진했다. 시력도 저하되었다. 아내가 "작가 났네. 작가 났어!" 하면서 놀리고 "책을 발간하면 팔릴 거라고 생각하냐?" 등 고약한 질문도 하며 의욕을 꺾기도 했다. 그러나 책 완성에 대한 의지가 활활 타면서 6개월 만에 초고를 완성했다. 누구의 도움 없이 오롯이 혼자서 만들어 낸 중간 결과물을 보니 참으로 흐뭇하고 내 자신이 괜찮아 보이기도 했다.

글을 차곡차곡 써가면서 누구에게도 책 출간에 대해서 입도 뻥긋 하지 않았다. 주위 사람들을 놀래 주려고도 생각했다. 그런데 목표 일자가 없으면 흐지부지되는 경우가 많다고 출판 계약부터 하라고 독려를 한 그랜플루언서(Grandparents + Influencer)를 만나 엉겁결에 계약까지 해버렸다. 좋은 사람을 만나는 운까지 동행한 것이다.

초고를 출판사에 전달하니 원고 내용과 구성이 괜찮다고 전문 작가의 도움 없이 배정된 편집자 한 명과 부분적인 글 수정을 마쳤다. 출간 일자가 정해진 뒤에야 친구들, 지인, 선후배에게 책 출간 사실을 알렸더니 난리가 났다. 박 아무개가 책을 냈다고? 가히 메가톤급 충격이라고 했다. 특히 자주 만나고 가까이 지낸 고교 친구조차도 전혀 예상 못한 일종의 지진이 일어났다. 아무도 내가 책을 내리라고는 상상도 못했기 때문이다. 나에 대한 기존의 이미지가 완전히 달라지는 계기가 되었음은 물론 다소 비아냥 기가 있던 아내의 눈빛도 바뀌었다.

그 후부터는 긍정적인 나비 효과들이 줄을 이었다. 조촐한 출판기념회와 함께 후배가 만들어 준 작가 명함이 생겼다. 그간 동네에서 바쁜 화백(화려한 백수)이 졸지에 '작가'로 변신했다. 만난 사람들의 명함을 받기만 하다가 명함을 건넬 수 있는 사람이 되었다. 하루 이틀 만에 완독을 했다는 사람들이 나왔다. 문장이 단문 위주로 되어 있고 쉽게 이해할 수 있어 부담이 없고 책 스토리가 재미있다는 평들이 들려왔다. 심지어는 책을 읽다가 자신의 경우와 비슷한 상황을 접한 사람들이 울기까지 했다고 연락을 해왔다. 내 스스로도 놀랐다. 책에서 감명을 받아 울었고,

공부가 많이 되었고, 다음 글에는 뭐가 나올까 궁금해서 계속 읽었다고. 모든 것이 감사하기만 했다.

SNS에의 도전 필요성이 생겼다. 직장 생활 중 문 닫아 두었던 SNS 활동을 검토했다. 명색이 작가라는 사람이 이메일 주소 하나 가지고 소극적으로 있을 수는 없었다. 늦바람이 무섭다고, 가족과 의논 끝에 블로그부터 시작해보기로 했다. 서툰 초보 작가가 사전 경험이나 지식도 없이 무조건 도전을 했다. 엉거주춤, 우왕좌왕, 시행착오를 거듭 하면서 조금씩 이력이 붙은 블로거가 되었다. 책 내용을 차별화했듯이 블로그도 독자들이 읽고 건겨갈 것이 있는 글을 쓰는 것으로 정했다. 이를테면, 조회수에 연연하지 않고 글과 내용으로 승부하는 것. 블로그 내용의 대부분을 차지하는 여행, 등산, 맛집, 사진, 타인의 글 퍼오기 등과는 거리를 두기로 마음먹었다.

책에서 시작하여 날기 시작한 나비는 그리운 사람들까지 찾아 주었다. 책 내용의 일부 중에 50여 년 전에 헤어진 중학교 시절의 여자 음악 선생님을 찾는 글이 들어 있다. 책을 읽는 사람이 극히 제한되어 있어 찾을 가능성이 낮다고 생각이 들어 운영하는 블로그에 '그리운 사람을 찾습니다'라는 제목으로 뵙고 싶은 음악 선생님과의 추억을 기술했다. 연세 때문에 돌아가셨을지도 모르지만 생존해 계시면 꼭 뵙고 싶다고. 기적 같은 일이 일어났다. 30대 초반 여성이 우연히 내 블로그 사연을 보다가 선생님 이름을 발견, 블로그에 댓글을 올렸다. 본인이 다니는 탁구장에 같은 이름의 성악을 하셨다는 연세 든 분이 있는데 찾는 사람 같다고. 연락처를 받아 통화를 해보니 그렇게 애타게 찾았던 선생님이었다. 그것도 같은 서울의 하늘 아래에 살고 있었다. 바로 만나 뵙고 서로 기나긴 대화를 나누었다. 감격 그 자체였다. 글쓰기를 시작한 것이 얼마나 좋은 결정이었는지 새삼 느끼며 더욱 감사하게 되었다.

그뿐 아니라 군 복무 시절 같이 근무하면서 예뻐했던 부하 사병이 내 책을 보고 연락이 왔다. 그가 어디서 어떻게 사는지 가끔 생각이 나서 궁금해했던지라 반가움이 이루 말할 수 없었다. 40여 년이 지난 군대 인연이 다시 연결된 것이다.

은퇴 후에 행운처럼 찾아온 글쓰기에 요즘 무척 바쁜 나날을 보내고 있다. 늘 새로운 글을 쓰고 글쓰기 수업과 합평을 같이 하는 문우들과 잦은 교류를 하면서 일상이 활기차게 돌아간다. 4월 들어 유수 문학지에 내가 쓴 수필이 당선되어 공식적인 등

단도 하였다. 이제 주업이 되어버린 글쓰기가 인생 제2막의 장을 풍요롭게 해주고 있다. 좋은 글을 쓰려고, 오류가 없는 글을 쓰려고, 남들이 못 본 부분을 찾으려고 사색하고 관찰하고 순간 포착도 한다. 아이디어나 소재가 눈에 띄거나 생각이 나면 스마트폰에 수시로 기록을 해간다. 블로그로 적었던 글들과 평소 적어가는 수필들을 정선하여 제2의 수필집 발간을 준비하고 있다.

주위 사람들이 나를 보고 변신했다고 한다. 전국 200대 명산 및 유적지 탐방과 축구 대신 탁구를 즐기는 한량으로만 나를 알던 사람들이 눈을 휘둥그레했다. 나의 변신은 인연이 된 주위의 좋은 분들이 도움을 주어 가능해진 것이다. 그런 사람을 만나게 된 것은 행운이었다. 자기 능력으로 성공을 이뤘다고 말하는 자가 있다면 세상 이치를 아직 이해 못한 사람일지 모른다. 물론 운이라는 것도 평소 목표의식을 가지고 많은 노력을 경주하는 사람에게 다가올 가능성이 높다고 생각한다.

은퇴 후의 삶이 지루하거나 건조하다고 느껴진다면 자신 안에 잠자고 있는 열정을 깨워보는 것은 어떨지. 나이가 들었다고 새로운 시작을 두려워할 필요는 없다. 오히려 평생 쌓아온 경험과 지혜가 더해져 더욱 깊이 있는 결과물을 만들어낼 수 있다.

내가 그랬듯, 누구라도 예상치 못한 곳에서, 늦은 나이에도 새로운 기회와 인연을 만날 수 있다. 중요한 것은 그 기회가 왔을 때 주저하지 않고 도전할 용기일 것이다.

　잠 들기 전에 몇 자 적고 잠에서 깨어 새로운 글을 구상하는 요즘의 생활은 에너지를 채워준다. 글을 쓰는 계기를 만들어 준 분들과 덤으로 찾아온 행운 덕에 나는 마음의 부자가 되었다. 이런 나의 늦바람에 올라탄 나비와 아무때나 머릿속을 떠다니는 상상이 항상 자유로운 영혼처럼 주위를 맴돈다.

〈늦바람〉 필자 소개

박용호

현대모비스 해외영업실장으로 재직하며 글로벌 두대에서 커리어를 쌓았다. 퇴직 후 글쓰기를 통해 제2의 인생을 시작했으며, 2025년 '한국산문'을 통해 수필가로 등단했다. 현재 한국디지털문인협회 이사, 한국산문작가협회 회원으로 활동 중이며, 블로그와 저서 『뜨겁게 전진하고 쿨하게 돌아서라』(2023)를 통해 삶의 통찰을 전하고 있다.

'나의 브라보! 순간' 공모전 당선작

나이 들수록 더 뜨거운 인생 이야기

신미화

첫 번째 도전: 일본

대학교를 졸업하고 고등학교 교사로 일하던 어느 날, 캠퍼스 게시판에서 우연히 한 대자보를 발견했다. 친하게 지내던 선배가 일본 문부성(현 문부과학성) 장학생으로 선발되었다는 내용이었다. 그의 이름을 보는 순간, 마치 내가 합격한 듯 가슴이 터질 듯 뛰었다. 가까운 사람의 성공은 언제나 가장 강렬한 자극이 된다.

그날 이후 나는 일본어에 몰입했다. 식사 시간조차 아껴가며 독학에 전념했고, 그렇게 꿈을 향한 첫 발걸음을 내디뎠다. 마침내, 나는 일본 유학이라는 인생의 새로운 무대에 오르게 되었다.

한국을 떠나 처음 맞이한 해외 생활은 설렘과 두려움이 교차하는 시간이었다. 낯선 언어, 문화적 이질감, 외로움 속에서 나는 스스로를 단련했다. 도서관의 불이 꺼질 때까지 책상에 앉아 있던 날들이 이어졌고, 그 과정은 학문적 성취를 넘어 나 자신을 마주하는 여정이었다. 때로는 벅찼지만, 노력은 배신하지 않았다. 장학생으로서의 자부심은 나를 한층 성숙하게 만들었다.

석사 과정을 마친 뒤, 컨설팅 회사에 취업했다. 그러던 중 한국인 유학생과 결혼해 두 아이를 낳았고, 그때부터 내 삶에는 또 다른 변화의 물결이 밀려왔다. 90년대 초반의 일본 사회는 여성의 커리어와 육아를 병행하기 어려운 분위기였다. 나는 늘 시간과의 전쟁 속에서 살아야 했다.

그런데 그때, 아주 특별한 사건이 일어났다. 고객과의 약속대로 저녁 5시 퇴근 직전, 서류 20장을 팩스로 전송한 후 급히 어린이집으로 향했다. 6시까지 도착하지 않으면 아이를 맡길 수 없었기 때문이다. 그런데 그날 저녁, 고객사로부터 항의 전화가 걸려왔다. 서류 한 장이 빠졌다는 것이었다. 당시에는 이메일이 없어서 팩스가 유일한 수단이었고, 두 장이 겹쳐 전송된 것이 원인이었다. 고객사는 상사에게 이렇게 말했다. "직원이 5시에 퇴근하는 회사가 세상에 어디 있습니까?"

그 말은 일과 삶의 균형이란 개념조차 사치로 여겨지던 시대의 상징처럼 들렸다. 당시 일본 사회는 '24시간 싸울 수 있습니까?'라는 유명 영양음료 광고처럼, 쉼 없는 노동이 미덕으로 여겨졌다. 나는 그날, 커리어와 가정이 충돌하는 현실을 온몸으로 느꼈다.

두 번째 도전: 뉴욕

그런 일이 반복되자, 육아와 일을 병행하는 삶은 점점 더 버겁게 느껴졌다. 오랜 고민 끝에 회사를 그만두고, 가장 성 평등한 도시 뉴욕으로 유학을 떠나기로 결심했다. 당시 아이는 생후 9개월, 2세 6개월이었다. 남편은 내 결정을 단번에 지지해주었다.

"당신이 성장하면, 나도 함께 성장하는 거요. 힘들겠지만 해봐요. 석 달에 한 번씩 가서 도와줄게요."

그는 일본에 남아 절약하며 생활비를 보내겠다고 약속했다. 나는 두 아이를 품에 안고, 낯선 땅을 향해 결연히 날아올랐다. 주변 사람들은 내가 너무 큰 위험을 감수하는 것 같다고 우려했지만, 나는 내 길을 가야 한다는 믿음과 열정을 잃지 않았다. "모험하지 않는 자는 얻는 것도 없다"는 스페인 격언처럼, 나는 새로운 세상에 나를 던졌다.

그 넓은 미국에서 뉴욕을 선택한 이유는, 당당하고 자립적인 여성들이 많을 것 같았기 때문이다. 그러나 어느 눈보라 치던 겨울날, 사건이 일어났다.

폭설이 내리던 새벽, 20년 된 중고차는 갑자기 멈췄다. 비싼 값에 사온 차량은 이탈리아 출신의 능변 중고차 판매원에게 속아 샀던 차였다. 주변엔 전화도, 편의점도, 주택도 없었다. 나는 딸을 품에 안고, 아들의 손을 잡은 채 지나가는 차를 향해 손을 흔들었지만, 어느 누구도 멈추지 않았다. 눈보라 속 러시아워. 손발의 감각이 사라지고 아이들의 얼굴이 창백해질 무렵, 한 대의 차가 멈춰 섰다. 운전자는 갈색 눈을 지닌 동양인이었다. 그는 우리를 경찰서까지 데려다주었다.

지각한 채 학교에 도착하자, 나는 울먹이며 외쳤다.

"지각한 건 미국식 개인주의 때문이에요!"

그러나 곧 깨달았다. 이 냉정한 사회에서 홀로 아이를 키우며 버티는 일은, 이상보다 가혹한 현실임을 절감했다. 그렇게 두 번째 도전은 막을 내렸다. 하지만 나는 자유롭고 도전적인 사람들 사이에서 살아남는 법을 배웠고, 나를 더 단단하게 만들었다.

세 번째 도전: 다시 일본

뉴욕에서 돌아온 나는 스스로에게 물었다. '이제 나는 무엇을 해야 할까? 진정으로 원하는 것은 무엇일까?'

고민 끝에 내린 결론은 분명했다. 나는 여전히 일하고 싶었고, 비즈니스 세계를 사랑하고 있었다. 그러나 현실은 냉혹했다. 수십 개의 회사에 이력서를 냈지만, 아이가 둘이라는 이유로 번번이 고배를 마셔야 했다. 내 꿈은 여전히 뜨겁게 타오르고 있었지만, 두 아이를 키우며 일을 찾는 현실은 너무나 벅차고, 몇 번의 실패 끝에 나 자신에게 무엇이 가능한지조차 의문이 들었다.

'일이 어렵다면, 공부는 가능하지 않을까?'

방향을 전환한 나는 다시 한번 모든 열정을 공부에 쏟았다. 마침내 K대학교 대학원 박사과정에 합격했고, 대학교수가 되겠다는 새로운 꿈을 품었다. 박사과정에서의 길고도 험한 여정은 나에게 단순한 연구 이상의 의미를 지녔다. 그 과정 속에서 나는 나 자신을 다시 발견할 수 있었다.

아이 둘을 키우며 논문을 완성해 가던 어느 날, 청천벽력 같은 소식이 들려왔다. 지도 교수님이 췌장암으로 세상을 떠나신 것이다. 나는 큰 상실을 느꼈고, 내 연구도 끝내야 하나 하는 고민에 빠졌다.

새로 부임한 교수는 내 연구와 전공이 맞지 않았고, 바쁜 일정을 이유로 논문은 검토조차 되지 않았다. 성격도 맞지 않아 관계는 점점 멀어졌고, 연구실 발걸음도 뜸해졌다. 완성된 논문은 서랍 속에서 먼지만 쌓여갔다.

그러던 어느 날, 지도 교수가 내민 한 편의 논문. 한국의 저명한 정치인의 아들이 쓴 박사 학위 신청 논문이었다. 그는 유력 인사의 자제로 널리 알려져 있었고, 심사위원 중 한 명이 그 집에서 극진한 대접을 받았다는 소문까지 돌고 있었다. 그러나 지도 교수의 태도는 단호했다.

"논문은 공정해야 합니다. 누구든 실력으로 평가받아야 합니다."

결국 그 정치인의 아들은 학위를 받지 못했다. 그날, 꺼져가던 열정에 다시 조용한 불씨가 살아났다. 당시 한국 사회는 권력과 지위가 실력보다 앞서던 시대였다. 그러나 일본 학문의 세계는 달랐다. 공정하게, 오직 실력으로 평가받는 사회.

'정말 공정한 사회라면, 나에게도 기회가 있을지 모른다.' 나는 지도 교수가 관심 가질 만한 주제를 새로 찾아 논문을 다시 쓰기 시작했다. 그리고 마침내, 학위를 받기까지 무려 10년이 걸렸다.

그 후 3년 동안 수많은 공개채용에 도전한 끝에, 50세에 일본의 한 대학에 부교수로 임용되었다. 그 순간, 나는 인생에서 가장 깊은 안도의 숨을 내쉴 수 있었다. 연구와 교육에 전념하며 보내는 날들은 평온하고 충만했다. 미래가 밝은 대학생들과 함께한 시간은 나를 젊게 만들었고, 내가 걸어온 길을 되돌아보게 했다. 경영학을 연구하며 좋은 상품과 서비스를 통해 사람들을 행복하게 하는 방법을 고민해왔다.

하지만 점차 의문이 들기 시작했다. '내가 쓰는 논문과 책이 과연 누구에게 도움이 될까?' 도서관에 꽂힌 전공 서적들은 먼지만 쌓여갔다. 아무도 읽지 않고, 복사조차 되지 않는 논문들. 의무감에 쫓겨 억지로 이어가는 연구에는 영혼을 담을 수 없었다. 나는 단순히 학문적 성취를 넘어서 내가 누구인지에 대한 깊은 고민에 빠지게 되었다.

그리고 어느날, 문득 깨달았다. 나는 이미 시니어가 되어 있었다. 남들보다 늦게 교수직에 올랐기에, 재직 기간은 짧았다. 강의와 연구가 영원히 지속될 것 같았지만, 현실은 조용히 퇴장을 준비하라고 말하고 있었다.

그제야 돌아보았다. 일본에서 살아온 세월이 한국에서 보낸 시간보다 길어졌다는 사실을.

'나는 조국을 떠나 무엇을 얻었는가?'

'그리고 조국을 위해 무엇을 할 수 있는가?'

그 질문은 내 시선을 전공에서 벗어나 완전히 새로운 분야로 향하게 만들었다.

마지막 도전: 한국

우리보다 앞서 초고령 사회에 진입한 일본. 그들의 경험 속에는 우리가 반드시 배워야 할 무언가가 있을 것 같았다. 그 순간, 나는 또 하나의 전환점을 맞이했다. '초고령 사회로 접어든 우리나라 시니어들의 행복지수를 높일 방법은 없을까?'

이 질문은 단순한 호기심이 아니라, 시대가 요구하는 피할 수 없는 과제였다. 그래서 내가 선택한 마지막 도전은, 일본에서 시니어들이 겪고 있는 문제를 깊이 연구하고, 그 경험을 바탕으로 한국 시니어들의 삶의 질을 향상시킬 해법을 찾는 것이었다. 나는 현장으로 향했다. 시니어들이 진정으로 필요로 하는 것이 무엇인지 듣고, 그들의 삶에 직접 파고들었다.

그리고 이제, 그 이야기들을 한국 사회에 전하고자 한다. 그것이 내가 선택한, 마지막이자 가장 뜨거운 도전이다. 여름방학과 겨울방학이 되면 캐리어를 끌고 일본 전역을 누볐다. 섭씨 38도의 무더위 속에서는 쇠퇴한 고향을 되살리기 위한 시니어들의 지방 프로젝트 현장을, 싸라기눈이 뺨을 때리는 겨울에는 정년을 폐지하고 80~90대 시니어들을 고용해 성공한 기업들을 찾아다녔다.

정년 후 박사과정에 도전 중인 K씨(86세), SNS를 통해 전 세계 젊은이들을 사로잡은 산골 할머니 O씨(88세), 정년퇴직 후 다양한 일을 병행하며 행복을 찾은 'N잡러' I씨(80세)도 있다. 70대에 와상환자로 누워 있다가 82세에 천으로 핸드백을 만들기 시작한 M씨(88세)는 한 달에 100개씩 판매하며, 젊은 여성 고객에게 받은 감사 편지를 '러브레터'라 부른다. 세계 최고령 앱 개발자 Y씨(89세)는 59세에 처음 컴퓨터를 접하고 80세에 프로그래밍을 시작했다. 81세에 고령자도 즐길 수 있는 스마트폰 게임 앱을 개발했고, 지금까지 9권의 책을 펴냈다. 애플 CEO의 초청을 받아 면담했고, 전국을 누비며 강연하고 있다.

그들의 삶은 단순한 통계나 보고서로는 결코 담을 수 없는 뜨거움과 생생함으로 가득 차 있었다. 그들과 마주할 때마다 나는 놀라운 에너지를 느꼈다. 그들의 눈빛은 단순한 생존이 아니라, 나이가 들수록 더 뜨겁게 삶을 개척하려는 열정으로 빛나고 있었다.

예전에는 수익성과 효율성을 중심으로 기업을 분석했다면, 이제는 '행복'이라는 본질적 가치를 중심에 두고 시니어들의 삶을 바라보게 되었다. 행복은 전염된다고 했던가. 취재를 마치고 돌아올 때마다 가슴이 벅차올랐다.

"이 이야기들을 꼭 한국어로 써야 해. 더 많은 사람들이 읽고, 더 많은 시니어들이 행복해질 수 있도록."

지금 나는 비로소 내 영혼을 온전히 쏟아 넣을 수 있는 연구를 하고 있다. 시니어들의 삶을 통해, 나 자신의 삶도 더욱 깊고 풍요로워지고 있다.

하지만 이번 도전은 이전과는 다른 의미를 지닌다. 단지 나 자신만을 위한 것이 아니라, 그동안 쌓아온 경험을 사회에 돌려주고 싶은 마음이 커졌다. 그래서 나는 일본을 넘어 한국을 주목하기 시작했다. 일본에서 배운 노하우를 기반으로, 초고령 사회에 접어든 한국의 시니어들이 직면한 문제를 해결할 방법을 찾고 있다.

매달 한국의 시니어 잡지에 글을 기고하고, 시니어 학습 공간에서 강연도 진행하고 있다. 그들과 소통하며 함께 웃고, 공감하며, 그들의 현실을 더 깊이 이해하고자 노력하고 있다.

앞으로의 꿈

여성의 자립을 꿈꾸며 떠났던 젊은 날의 나는, 이제 시니어가 되어 조국으로 돌아왔다. 이제는 '참살이' 인생을 향해 다시 한 걸음을 내디디려 한다.

앞으로는 우리나라 시니어들을 직접 만나러 갈 계획이다. 기업들은 시니어 인재를 어떻게 활용하고 있을까? 노인 주거 복지 시설은 일본과 어떻게 다를까? 지방 소멸을 막기 위한 프로젝트는 어떻게 진행되고 있을까?

나는 이 모든 현장을 직접 보고, 듣고, 기록할 것이다. 무엇보다 시니어들의 생생한 삶을 가까이에서 취재하며, 그들이 진정으로 행복해질 수 있는 길을 모색해 글로 남길 것이다.

전국을 누비며 다양한 시니어들의 이야기에 귀 기울이는 것. 그것보다 더 큰 행복이 있을까? 100세 시대를 살아가는 선배 시니어들을 만날 때마다 깨닫는다. 은퇴 후에도 배울 수 있고, 일

할 수 있으며, 도전할 수 있고, 새로운 관계를 맺을 수 있다는 것을. 그들의 이야기는 후배들에게 이렇게 속삭인다.

"은퇴는 종착역이 아니라, 새로운 인생의 출발역이다."

그 메시지는 희망이 되어 우리를 앞으로 나아가게 한다. 앞으로도 나는 두려움 대신 호기심을, 안정 대신 가능성을 선택하며 나아갈 것이다.

나의 '브라보' 순간은 아직 끝나지 않았다. 지금 이 순간도, 나는 여전히 도전하고 있다.

〈나이 들수록 더 뜨거운 인생 이야기〉 필자 소개

신미화
1986년 일본 문부성 장학생으로 유학길에 올라 현재까지 일본에 거주하고 있다. 미국 유학, 육아와 커리어의 병행, 박사과정 재도전 등 인생의 전환점마다 도전을 선택해왔다. 현재는 일본 이바라키그리스도교대학 경영학부 교수로 재직 중이며, 일본 전역을 누비며 시니어의 행복과 삶의 가능성에 주목하는 글을 쓰고 있다.

'나의 브라보! 순간' 공모전 당선작

나의 아픈 추억, 벚꽃이 흩어지는 날

신재우

#프롤로그

바로 지금, 하루하루 충실하게 오늘을 잘 살자! 어느 누군가의 말처럼, '첫 30년은 멋 모르게 지나가고 지나온 30년은 가족을 위해 살고지고, 이제 남은 30년은 자신을 위해 멋지게 준비하라'고.

제대로 광야에 홀로 설 수 있을 때 발가벗은 나의 모습을 보고서야 참 나를 깨닫고 되돌아보는 기회로 삼는다. 바로 이게 인생 2막이란다.

틀 안에 안주하던 학창 시절 직장생활도 후회 없이 모범적으로 잘 살아왔지만, 뭐라고 내 인생사에 꺼내 놓을 만한 별난 스토리는 없는 듯하다. 퇴직 이후 이러한 나의 모습을 집중하여 여기에 담아보는 이유이다.

인생 2막, 새로운 삶을 찾아 나서다

2005년 어느 봄날.

내 인생에 언젠가는 온다는 그날이 드디어 나에게 다가왔다. 나름대로 퇴직 후의 나의 모습에 대하여 많은 준비도 하고 상상의 나래를 펼쳐 꿈을 찾아보겠다고 다짐했건만 그게 막상 현실로 닥쳐왔을 때의 당혹스러움은 이루 말할 수 없다.

봄바람을 타고 슬며시 다가오는 훈풍이 아니라, 한겨울 삭풍이 되어 대지에 내 팽개쳐지는 그 냉혹함을 처음 느껴보는 거라서 더욱 그랬다.

반신반의… 설마? 내가 다니던 회사 매각이라는 구조조정 상황 가운데 고용 승계의 대상에서 제외되는 9인의 명단에 속하리라고는 평소에 꿈엔들 생각조차 안 해봤기 때문이다. 그런데 그러한 불명예스러운 상황이 나에게 닥쳐왔다.

그간 승승장구해 온 아들을 믿고 계시던 부모님께 이 소식을 어떻게 말씀드려야 하나? 첫 번째 부딪혀진 부담스러운 상황은 가족과의 대면이었다. 이른 아침 서둘러 직장에 나갔다 밤 늦게 귀가하여 지친 몸을 내던지고 바깥의 일이라곤 가족과 나눌 수 있는 정다운 얘기는 하나도 없었다. 그저 별일 없는 하루하루를 살아가는 것이다.

그러나 오늘은 이 사실을, 내일 아침 해가 떠오르면 갈 곳이 없다는 엄연한 현실을 고백해야 한다. 수많은 직원 중에 가장 능력 있는 선임으로 임명되어 임원의 승진까지 한 나를 하위 그룹으로 평가된 결과에 나의 자존심이 온통 무너져 내렸다. 거기다 등기상 임원으로서 경영책임도 져야 한다는 명분에 더 할 말을 잃고 말았다.

보라매공원을 가로질러 걸어왔던 이른 봄날. 벚꽃이 바람에 날려 흩어지는 그 모습은 나의 스산한 마음을 그대로 표현하고 있었다.

군대에서 제대하던 날 더블백 보따리를 들고 위병소를 나서는 해방의 기쁨도 있었지만, 직장에서 퇴출당해 짐 보따리를 들고 벚꽃 길을 터벅터벅 걸었던 나의 모습은 평생 가슴에 오래도록 각인되는 순간이었다.

점점 다가오는 가족과의 운명적인 대면 시간을 늦추려고 택

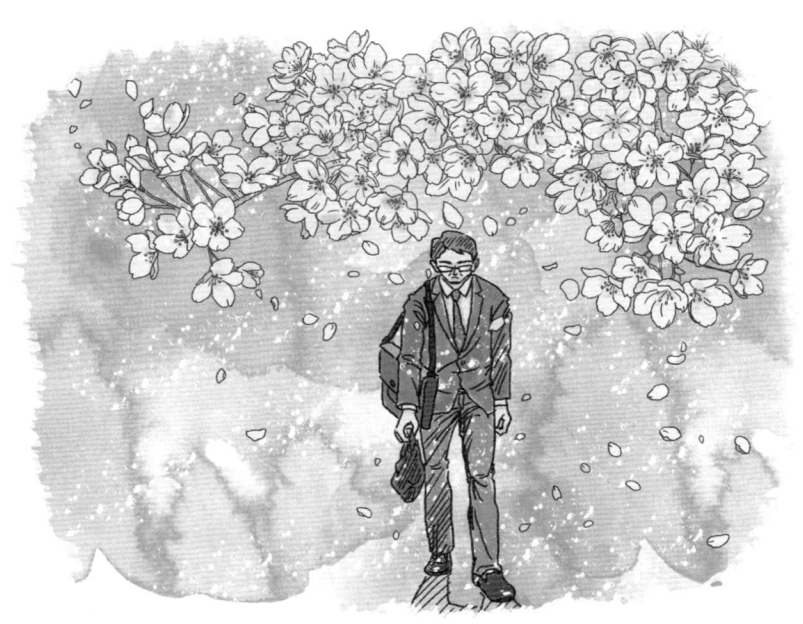

시도, 지하철도, 버스도 아닌 두 발로 걸어서 집에까지 왔다.

이제 막 대학생 3년이 된 딸과 상해에서 유학 중인 아들 녀석의 학자금 부담도 남아 있었고, 아내에게는 남편의 마지막 자존심이 구겨진 허약한 모습을 보이는 것이 죽기만큼 싫었던 이유였다. 아내는 첫 대면에서 이미 불길한 예감을 느낀 듯 차분하게 말을 건네 온다.

"그간 고생 많았는데 내가 하는 일을 당신이 도와서 함께 잘 해 나가요."

대학생 딸은, "아빠 그동안 수고 많으셨어요."라고 의례적인 말로 나를 위로해 준다. "역시 이런 게 가족이다"라는 생각이 들면서도 집안 분위기는 싸늘하게 얼어붙었다.

그 봄의 벚꽃은 나에게 참으로 찬란한 슬픔의 상징이 되어버렸다. 세월이 지나 되돌아보면 헛헛한 일일 뿐인데, 왜 그때는 태산이 무너지는 심경으로 받아들여졌을까? 이래서 내가 뒤늦게 철이 들었음을 알게 된 것이다.

2016년의 또 다른 봄에 예금보험공사 퇴직 후 6개월여의 세월이 흘러 새로운 인생 2막에 도전하는 교육프로그램을 만나게 되었다. 삼성 은퇴연구소에 재직하는 후배의 권유와 나의 취향이

딱 맞는 한국액티브시니어 전문가 양성과정 프로그램이라 생각되었다.

나와 동갑내기가 건설업 임원으로 퇴직한 후 처음 개설한 프로그램인데, 내가 평소 직장생활에서 체득한 인생 라이프 사이클을 기반으로 많은 이론적 지식을 접목한 강의 형태였다. 나에게는 친근하고 익숙한 이론이 많아 교육에 흥미를 갖고 솔선수범으로 수업에 임했다. 다양한 경력의 소유자들이 꿈을 찾아 서로를 위로하고 격려하며 교육이 끝나고 나서 나는 교육의 수료가 끝이 아닌 새로운 시작임을 어필하였다.

곧 바로 협회 설립에 관한 제안을 하고 한국액티브시니어협회 설립 이사로 참여하게 되었다. 계속되는 다음 기수 교육생을 지도, 관리하면서 프로그램을 진행하는 교수 직함을 갖고 3년여 동안 열정을 불태우며 매달렸다. 베이비부머 세대의 원년이자 대한민국의 은퇴 인력의 롤 모델이 되는 협회로 위상을 갖추도록 전력투구한 보람이 가득했다.

토티 연극단을 창설하여 오늘에 이르기까지 문화 활동을 근간으로 삼아 나의 연극 활동의 터전은 바로 한국액티브시니어협회에서의 동호인과의 교류였다.

지금은 고인이 되셨지만, 극단 가교 연출가 고 최연식 님, 민

요와 예능의 끼를 이 교육프로그램 과정어서 인연으로 이계선 님과 만남은 나의 진로를 이렇게 바꾸어 놓았다.

5都 2村, 나의 전원생활 15년

　퇴직 후 나의 제2 창업은 학원사업으로 정했다. 영어 전문 강사로 서울 강북지역에서 명성과 브랜드를 쌓아 올린 아내를 설득해서 종합입시전문학원을 넘겨받았다. 탄탄한 경영을 꾸려가겠다는 의지로 의정부 지역에서 대형학원을 시작했다. 중등부, 고등부와 대학입시반 지도까지 야심 찬 포부로 30여 명의 학원 강사진과 300여 명의 원생을 넘겨받았다.

　그러나 나의 동키호테적인 발상은 엄청난 현실과 괴리에 부딪혀서 1년여 만에 폐업하고 말았던 악몽을 회상하고 싶지 않다. 아내에게 가장 미안한 마음으로 용서를 구하며 자책한 대목이다. 혼자서 알차게 경영을 잘 이끌어 온 전문 경영인을 황량한 구렁텅이로 내몰았으니 말이다.

　고통의 시간이 더 길어지면 나뿐만 아니라 아내의 건강마저도 해치지 않을까 하는 노심초사 중에 희망을 일으켜주는 사건이 생겼다. 퇴직 당시 임원으로서 경영상의 책임을 물어 퇴직금 지급을 보류했던 회사와의 법정 다툼 4년여 만에 퇴직금 지급 판결이라는 승소 소식이 전해왔다.

우리 부부는 하나님께 무한 감사를 드렸고, 이제는 지쳐가는 심신을 달래면서 쉼과 신앙을 위한 조용한 시골에서 전원생활을 꿈꾸어 보았다. 바로 용인시 처인구 모현면 오산리 마을에서의 15년째 생활은 우리 부부에게 충분한 회복과 재충전을 위한 안식처가 되었다.

당시에 자녀들은 미혼이었고 직장생활 등을 이유로 서울에 전세를 두고 있던 터라 주중 5일은 서울에서, 그리고 나머지 주말의 이틀은 자연과 함께 지냈다. 2층의 주택에서 이웃과 함께 휴식을 즐기고 서울을 오가며 지내는 생활이 우리에게는 맞춤형 치유와 최선의 휴양지가 되어 주었다. 덕분에 아내도 활기를 되찾고 신앙과 봉사라는 참된 의미를 발견하는 기쁨을 누리고 있다.

4년여 간의 지리한 소송 끝에 예금보험공사 부실금융 구조본부 검사역 경력직으로 재취업했다. 경영부실, 저축은행 구조조정을 위한 영업정지, 사후 예금자 보호, 자금관리 담당업무를 10년 가까이 일하면서 금융 소외 서민들의 애환을 함께 했다. 국가

적 사명감과 갈등으로 힘든 시기였지만 돌아보면 공익을 위한 보람의 터전이었다고 생각한다.

창창창 TV, 세상과 소통하다.

나의 유튜브 채널 〈창창창 TV〉. "소통의 창, 시사 기획의 창, 문화 예술의 창"이라는 슬로건으로 세상을 향한 유튜브 방송을 통해서 많은 사람과 공감하는 창을 마련한 나의 시도였다.

2020년 2월 20일 첫 유튜브 〈창창창 TV〉를 개설하고 오늘에 이르기까지 꾸준히 성원해 주시는 구독자 여러분께 깊이 감사드린다. 5년간 매주 1회. 구독자 500여 명의 참여로 주 관심사에 담긴 사건의 숨겨진 얘기들을 나누었다. 백세 시대에 맞는 시니어 대상의 유익한 정보를 나누고 소통하며 꾸준하게 달려와서 2025년 3월, 드디어 250회 방송을 맞이했습니다.

당시 노년신문사 노재환 사장께서 "같은 시대를 살아가는 노년층 세대에게 더욱 흥미롭고 유익한 정보를 나누기에는 종이 신문보다 방송 매체에 여흥과 유머를 살려서 신나는 뉴스 채널을 만들어 보자"는 제안을 하시고 적극적인 후원으로 유튜브를 개설했습니다.

　최초 개설시 공동 진행으로 메인 앵커로 발탁된 소이님은 예능감과 민요 전수자로서의 창(唱)이 뛰어난 분이셨다. 이를 활용하여 딱딱한 시사정보를 보다 흥미롭게 엮어보자는 취지가 일치되어 의욕을 불태워 함께 시작했다. 지금 제가 홀로 진행하게 된 것은 그분이 건강상의 이유로 중도하차 하셔서 제가 200회 특집에 모시지 못한 안타까움이 컸습니다.

　저를 아끼시는 구독자님께서 건네주신 공통적인 격려의 말씀입니다. "지치지 마시라! 구독자 수에 얽매지 말고, 조회 수를 꾸준히 늘려가는 시니어들을 위한 실속 있는 유투브 방송이 되길 바란다면서."

　첫째 창은 시니어 소통의 창(펼 暢)이 되어야 한다는 생각입니다. 시니어들의 속성상 나름대로 살아온 경험상 자기주장이 강합니다. 자칫 고집불통, 꼰대, 세대와 문화의 격차에 고립되기 쉬운 세대들을 향해 소통을 위한 노력을 부단히 해나가겠다는 뜻에서의 출발입니다. 노년의 삶 가운데 고독감은 정말 심각하다는 강한 생각입니다. 소통하며 살아야죠!

　둘째 창은 시사 기획의 창(창문 窓)이 되어야 합니다. 유튜버 속성상 극단의 주장과 이념에 매몰된 편향적 방송이 심각 수준이

죠. 노년신문사와 함께 시작한 시니어를 위한 정론을 펼쳐가는 자긍심으로 차별화된 영상매체가 되겠습니다. 공영방송으로부터 자유로운 언론 매체임을 활용하여 자극적 표현, 부적절한 어휘의 구사는 국민 정서를 갉아먹는 공해이다.

특히 어린 자녀 세대들에게 끼치는 악영향을 깊이 생각해 보는 방송이 되겠다. 가끔 '꼰대'라는 지적을 감수하면서도 품격을 잃지 않겠습니다.

셋째 창은 문화 예술의 창(노래할 唱)이라는 의미입니다. 뭐니 뭐니 해도 방송은 구독자의 관심과 사랑을 최우선으로 해야 합니다. 그러기 위해서는 문화, 예술, 유머가 넘치는 멋이 노래와 창으로 이어질 수 있다면 금상첨화라 생각합니다. 구독자 중 많으신 분이 연극단 소속의 뮤지컬 배우들이고, 시 낭송을 즐기며 음악을 좋아하신 분들이 많습니다.

정도 언론인으로서 창창창의 사명을 다하기 위한 몇 가지 나의 다짐입니다.

- 시니어들의 소통을 위한 창 역할에 충실하겠습니다.
- 일상의 삶 속의 소소한 행복을 함께 나누는 주제를 얘기하겠습니다.

- 자녀 세대, 후대에 짐이 되지 않도록 노년의 지혜를 나누겠습니다.
- 문화와 예술이 흐르는 방송이 되도록 노력하겠습니다.

그리고 창창창의 꿈을 펼쳐 보이겠습니다! 구독자 수와 조회수 1,000명을 넘어서는 그날까지 여러분의 구독, 협력을 기대하며 창창창 유튜브의 정체성을 갖고 100세 시대를 함께 살아가겠습니다. 노후의 행복과 건강을 기원하면서 자녀들과 후대의 모든 이들에게 본이 되는 아름다운 인생의 2막을 펼쳐 나가겠습니다.

자유를 꿈꾸는 내 인생의 일탈(逸脫)

'누구나 무대의 주인공이 될 수 있다!'라는 슬로건의 배너 광고를 게시하여, 초보 연극 입문에 주저하는 이들에게 극단 토티와 함께 평생회원으로 가자고 강의장과 길거리에서 만나는 사람마다 붙잡고 강한 메시지를 전달했다.

당시 상명대학 연극전공 교수 이화원, 윤기훈 교수와의 만남은 내 인생 일대의 전환점이 되어 연극 이론을 충실하게 다지게 되었다.

드디어 첫 무대에 서는 설레임을 맞이했다. 지금은 많이 흩어져 지내고 있으나 한 분 한 분의 이름이 떠오른다. 2016년 12월, 영등포 50플러스센터 텅 빈 강의실에서 꿈을 펼쳐 보이며 이계선, 이혜자, 나기권, 박영서, 서영실, 이상명 등 7명이 모자금 기금에 참여하여 극단 설립의 꿈을 이루게 되었다.

연극에 문외한이면서도 뜨거운 열정으로 첫 대표직을 스스로 맡겠다고 선언하고 이계선 님을 단장으로 모시고 쌍두마차로 출발했다. 뭘 믿고 뛰어들었는지 모르겠으나 나 스스로에 대한 도전임은 틀림이 없었다.

나는 과연 어떤 정체성을 갖고 앞으로 인생 2막을 어떻게 헤쳐 나갈 것인가?

나의 아버님께서는 테니스, 사냥, 낚시, 서예, 동양화 등 만능의 예체능 끼를 타고나신 분이셨고, 학교 재직 시에도 평교사들을 제치고 교장의 직분으로 몸소 운동회 준비 예능 연습을 도맡아 해 오신 나의 어릴 적 기억이 생생하다. 그 아버지의 아들로서 과연 나의 내면에 흐르는 끼는 어디서 찾아야 하는가? 많은 고심 끝에 예능이라는 인생 후반의 결심은 확고히 굳어져 간 것이다.

'나도 할 수 있다!'라는 신념으로 자유를 꿈꾸는 내 인생의 일탈이 시작되었다. 아마추어 시니어 연극단을 설립하여 토티 대표직을 8년째 맡아오며 매년 1회 이상의 작품을 무대에 올려 10여 편의 공연을 갖게 되었으며, 2025년 새로운 작품은 이강백 작가의 희극 "내가 날씨 따라 변할 사람 같쏘"를 대본으로 구성하여 20여 명의 단원들과 함께 지쳐있는 대한민국을 향하여 희망의 메시지를 전하는 연극을 올 가을쯤 무대에 선 보일 계획을 갖고 맹연습중이다.

〈나의 아픈 추억, 벚꽃이 흩어지는 날〉 필자 소개

신재우
극단토티 대표이자 유튜브 채널 〈창창창TV〉를 운영하는 액티브 시니어 크리에이터. 과거 대한노인회 홍보대사와 한국액티브시니어 기획이사를 역임했다. 무대와 미디어를 넘나들며 활기찬 노년의 새로운 가능성을 전하고 있다.

'나의 브라보! 순간' 공모전 당선작

오뚝이 찐빵의 꿈

유영석

눈꽃이 소복이 내려앉은 작년 12월이었다. 순백의 드레스를 입은 한신대학교 정문은 눈부시게 아름다웠다. 차가운 공기가 뺨을 스칠 때마다 마음마저 하얗게 물들었다. 교정으로 들어서니 눈밭에는 청춘의 발자국들이 여기저기 꿈을 좇았다. 무한한 가능성을 품은 캠퍼스는 내일을 향한 설렘으로 가득했다.

회계동아리 학생들과 종강 후 학교 앞 카페 자리에서 이야기를 나누고 있는데 구석에 앉아있던 한 남학생이 진지한 표정으로 물었다. "교수님, 이제 사회생활을 곧 시작해야 하는데 어떻게 하면 좋을까요?"

나는 메모지에 'Aim High!(목표를 높게 세워라.)'라고 적어 건넸다. 그걸 보고 있던 옆자리 여학생이 물었다. "청소년 시절 교수님 꿈은 무엇이었나요?"

선생님이었다고 하자 어떻게 꿈에 도달했는지를 재차 물었다. 순간 청춘의 초롱초롱한 눈망울이 나를 어린 시절로 데려갔다.

아버지는 찐빵 장사를 했다. 어둠이 짙게 깔린 밤 집으로 돌아오는 낡은 리어카에는 온 가족의 사랑이 실려 있었다. 그 위에서 철부지 남동생은 재롱을 부리고, 어머니 품에 안긴 여동생은 미소를 지었다. "영석아, 아빠 손 꼭 잡아!" 아버지의 따뜻한 음성이 여전히 귓가에 울려 퍼진다. 고된 하루에도 웃음을 잃지 않던 아버지의 모습은 우리 가족에게 희망의 등불이었다. 달빛 아래 옹기종기 모여 앉은 달동네는 가난했지만 아름다운 추억이 가득했다. 초롱초롱 빛나는 별들은 밤길 친구가 되어주고, 휘영청 밝은 달은 어둠을 밝혀 희망의 빛을 비춰 주었다.

나의 어린 시절 별명은 찐빵이었다. 찐빵처럼 동그란 얼굴에 부모님이 찐빵 장사를 하셨으니, 친구들이 그리 불렀는지도 모른다. 하지만 나는 그 별명이 싫지 않았다. 친구들이 놀려대도 개의치 않고 잘 어울려 지냈으며 오히려 둥근 보름달처럼 정겨운 별명이라 생각했다. 그것은 우정의 징표였고 부모님의 땀방울이 만들어낸 자랑스러운 이름이었다.

 초등학교 5학년 담임 선생님은 내게 특별한 존재였다.『소년조선일보』에 「우리집은 판잣집」이라는 동시로 입선한 내게 대견하다며 등을 토닥여준 손길은 아직도 온기가 느껴진다. 어느 날 선생님이 불쑥 물었다. "너는 장래 무엇이 되고 싶니?" 그 물음은 내 안에서 잠자던 꿈을 일깨웠다. 마음을 담은 질문은 누군가에게 큰 응원이 된다. 얼떨결에 "선생님이 되고 싶어요"라고 대답했다. 간절한 바람이기보다는 막연한 동경이었지만, 그건 척박한 땅에 떨어진 씨앗이 싹을 틔워보려고 세상으로 고개를 내민 순간이기도 했다.

 소년 시절 우리 집 쌀독은 늘 비었다. 중학교에 다니면서 수업료를 제때 내지 못해 담임 선생님께 꾸중을 들을 때는 친구들 보기에 창피하면서도 가슴이 아팠다. 집안 형편상 상고에 진학하는 게 좋겠다고 말씀하시던 아버지의 마음은 또 얼마나 아팠을까. 훗날 아버지가 되니 아버지의 마음이 더 잘 보였다.

 1차로 학생을 선발한 덕수상고는 낙방했다. 인생의 쓴맛을 제대로 맛보았다. 동대문상고에서는 장학금을 받는 나름 우등생이었다. 취업 시즌이 되니 담임 선생님이 삼성에 응시해 보라고 권유했다. 선생님 말씀은 어둠을 비추는 한 줄기 빛이었다. 누구

보다 나를 잘 아는 담임 선생님이 '삼성맨' 자격을 인정하지 않았을까. 이렇게 1974년 7월, 삼성에 취업하여 사회에 첫발을 내디뎠다. 선생의 꿈은 찐빵 안에서 잠시 쉬었다.

직장생활은 눈코 뜰 새 없이 바빴지만 자기 계발의 불씨는 끄지 않았다. 1982년 한국방송통신대 경영학과에 입학했다. 통신강의를 듣고, 출석 시험을 치르면 된다고 생각했지만 현실은 달랐다. 회사 업무는 한겨울의 함박눈처럼 쌓이고 몸은 저녁마다 파김치가 되었다. 그러던 차에 1987년 4월 일본 오사카 지사 주재원으로 발령받았다. 회사로부터 인정을 받은 듯해 뿌듯하면서도 학업을 중단해야 하는 아쉬움도 컸다. 버릴까 하다가도 정작 빼앗기면 아까워하는 게 인지상정이다.

오사카 근무를 마치고 1992년 말 귀국했다. 서둘러 방송통신대에 확인해 보니 이미 제적 처리된 상태였다. 하늘이 무너져도 솟아날 구멍이 있다고 하던가. 우여곡절 끝에 무역학과로 편입학해 다시 공부를 시작했다. 운명의 장난인지 1995년 봄에는 도쿄지사 주재 발령을 받았다. 당시 회사가 추진하던 프로젝트의 적임자로 나를 택했다.

학업의 끈을 단단히 묶어 새천년이 시작된 2000년, 천신만고 끝에 졸업장을 받았다. 대학교 입학에서 졸업까지 18년이라는 세월이 흘렀다. 안개 속 가시밭길이었지만 흐릿한 빛을 보며 길을 찾아 보람도 컸다.

삶은 언제나 배움의 연속이다. 2014년 박사 과정을 시작했다. 낮에는 대기업에서 임원으로 일하면서 밤에는 학교에서 공부했다. 세월을 견디면서 '포기'라는 단어는 생각조차 하지 않았다. 힘들어도 연구에 몰두할 때는 행복했다. 방송통신대라는 핸디캡을 딛고 꿈과 도전의 의미를 새기며, '빅 데이터 환경에서 프로세스 마이닝을 이용한 내부 감사 실시간 모니터링에 대한 연구'라는 논문을 썼다. 햇살이 가득한 2017년 9월, 박사모를 쓰고 대학교 교수가 되니 가슴이 벅차올랐다. 어린 시절 품었던 꿈을 지혜가 빛나는 60의 나이에 이뤘다. 삶의 한 페이지를 의미 있는 이야기로 채웠다.

우연과 필연이라는 수레바퀴가 수없이 돌고 돌며 인연을 만들어낸다. 내게는 평생 잊지 못할 은사 세 분이 있다. 어린 시절 꿈을 심어준 초등학교 5학년 담임 선생님, 제적 상태인 아들이 다시 공부하도록 통신대에 디딤돌을 놓아준 부모님, 학문적 가르침과 멘토인 홍성찬 한신대 명예교수이다. 홍 교수는 2016년 세계 인명사전 '마르커스 후즈 후 인 더 월드(Marquis Who's Who in the World)'에 등재된 분이다. 이 소중한 인연 덕분에 선생의 꿈을 이룰 수 있었다. 풍성한 잎사귀처럼 삶을 향기롭게 하는 인연은 세상 최고의 자산이다.

잠깐의 추억여행을 마치고 다시 카페로 돌아왔다. 나는 살면서 꿈이란 단지 목표에 닿는 것이 아니라 시련을 이겨내며 나아가는 여정임을 깨달았다. 학생들에게 남의 걸음에 보조를 맞추지 말고 자기 걸음으로 세상을 걸어보라고 했다. 벽을 마주할 때는 무엇이든 시도하라는 신호임을 일러주었다. '긍정의 힘'을 믿고, 변화에 두려워하지 말고, 좋은 인연을 만들라고 당부했다. 경험에서 우러나온 인생 선배의 말에 학생들의 눈빛이 반짝였다. 카페를 나서니 어둑한 겨울밤에 눈꽃이 흩날렸다. 청춘들의 꿈이 세상을 아름다운 설경으로 물들이기를 소망했다.

오랜 세월 잠들어 있던 글에 대한 호기심이 꿈틀거리며 나를 흔들어 깨웠다. 2022년 봄에 강남구 가족센터에서 3개월간 디지털 교육을 받고 나서 그해 9월에 글쓰기의 창인 '긍정의 힘' 블로그를 개설하고 긍정 씨앗을 뿌리기 시작했다.

글쓰기는 '치유의 습작'이었다. 거센 파도를 헤쳐 온 삶을 성찰하고 일기장을 펼쳐 과거를 돌아보았다. 일기와 편지, 그 갈림길에서 나는 잠시 멈칫했다. 일기를 남에게 공개한다는 것은 설레면서도 두려운 일이다. 영화 필름처럼 스쳐 가는 인생의 그림자를 낯선 타인에게 보여준다는 것은 용기가 필요했다. 감추고 싶은 저린 고통과 아린 추억들이 스멀스멀 기어올랐지만, 열린 마음으로 내 이야기를 나누기로 했다. 내게 글 쓰는 시간은 쉼표처럼 비움의 시간이자 침묵의 시간이다. 한 편 두 편 글이 늘어나니 빈 곳간이 채워지는 기분이었다.

지인 작가가 혹하는 미끼를 던졌다. 글이 괜찮으니 꼭 출간을 해보란다. 나는 내가 잘 안다. 글의 소양도 부족하고 독서량도 턱없이 모자란다. 알면서도 얼떨결에 미끼를 물었다. 글을 책으로 묶으면 의미와 가치가 있을 거라는 생각이 나를 꼬드겼다. 기획서 작성, 제목 및 목차 설정, 퇴고 등의 출간 과정은 한 편의 작은 드라마였다. 2023년 4월, 인생의 해가 서산으로 기울어가는 길목에서 자전적 수필 『바다를 꿈꾸는 개구리』가 세상으로 나왔다.

출간을 기념하여 그해 6월 북 콘서트하는 날 예의를 갖추려고 헤어숍에 들렀다. 나를 알아본 디자이너에게서 "여자 친구로부터 받은 선물인 『바다를 꿈꾸는 개구리』를 읽고 긍정적인 사람으로 바뀌었습니다"는 말을 들었을 때는 황홀경 그 자체였다. 내 글이 누군가에게 영감을 주고 선한 영향을 끼쳤다니, 생각할수록 꿈만 같았다. 이런 맛에 산고(産苦)를 겪으며 글을 쓰는가

보다. 내가 심은 긍정의 씨앗이 푸르게 싹을 틔워 내게로 다시 돌아왔으니, 세상에 이보다 귀한 선물이 어디 또 있을까. 나는 그날 '작가'라는 날개를 달고 잠시 하늘을 날아보았다.

글을 쓸수록 부족함이 도드라졌다. 마음을 다잡고 수필과 시 공부를 시작했다. "지성과 감성이 어우러지고 현시성이 있어야 좋은 수필이다"는 어느 작가의 말을 가슴에 품고 글을 배우며 담금질했다. 노력은 배신하지 않는다고 했던가. 2024년 8월, 『한국산문』에 「소년의 미래 여행」으로 수필가로 등단했다. 지인인 작가가 작품을 읽고 문자를 보내왔다. "글이 감동이군요. 과거와 미래를 잇는 글의 내용이 좋고 문맥의 흐름도 유연합니다. 꿈꾸는 청춘에게 길이 될 것입니다." 선배의 칭찬에 후배 고래는 춤을 추었다. 틈틈이 시조 창작 활동도 해서 그해 12월에는 『시조문학』에 「장미를 생각하며」로 시조 시인으로 등단했다.

작가로서 본 무대에 서게 된 건 어린 시절 아버지의 영향으로 동시를 쓰며 글쓰기 꿈을 키운 게 씨앗이 되었다. 그 씨앗이 현실로 활짝 꽃을 피운 것은 내 인생 드라마 최고의 한 컷이었다. 이제 개구리는 우물을 뛰쳐나와 벽을 오르고 강을 건넌다. 저만치 보이는 바다를 그리면서.

인생의 해는 서산으로 기울어가지만, 사유는 중천에서 힘찬

날갯짓을 하고 있다. 갓 지펴진 문학의 불꽃이 활활 타오르기를 소망하며 좋은 글로 인생의 다음 챕터를 장식하고 싶다.

인생은 찐빵과 같다. 겉은 소담하지만, 그 안에는 꿈과 사랑이라는 팥소가 발효되어 부풀어 오른다. 흔히 삶을 고해라고 하지만 누구나 고난과 시련, 실패라는 쓴맛을 보며 하루하루를 건넌다. 물에 빠져도, 폭풍이 불어도 헤쳐나와야 하는 것이 이 여정이다. 삶은 아름다움과 고통이 서로 얽혀 있는 서사시와 같다. 오뚝이는 넘어져도 훌훌 털고 바로 일어난다. 주저앉지 않으면 실패는 더 높이 뛰기 위한 발판이 된다.

꿈은 존재 이유를 밝혀주는 빛이다. 꿈이 없는 길이 어두운 이유다. 꿈은 크기나 무게로 저울 되지 않는다. 각자의 그릇에 원하는 형상을 담으면 된다. 높이 나는 새가 멀리 난다고 했다. 선창가를 기웃거리며 죽은 고기만을 찾는 갈매기는 세상이 얼마나 넓은지를 모른다.

내 이름을 불러본다. 경영자, 대학교수, 컨설턴트, 사학재단 이사장, 작가. 오십 성상을 메마른 땅을 뚫고 솟아오른 잡초처럼 억척스레 버텼다. 내 이름자 '석(石)'처럼 모진 비바람에도 꿋꿋이 꿈의 자리를 지켰다. 누구나 내면에 긍정과 부정이 공존한다. 긍정에 먹이를 주면 희망이 싹트고, 부정에 주면 절망이 드리운다. 나는 긍정 씨앗에 물을 주고 햇살을 씌워주었다. '할 수 있다'는 믿음이 뿌리를 내렸고, 어릴 적의 꿈을 펼칠 기회라는 확신이 용기를 불어넣었다. 떨리는 마음을 다잡고 매 순간 새로운 세계에 도전했으며 그렇게 내 삶은 길을 만들었다.

어린 시절 선생님이 심어준 꿈의 씨앗은 시련을 거름 삼아 무럭무럭 자라 활짝 꽃을 피웠다. 그 꽃들은 삶의 향기가 되었고 어려운 순간마다 힘이 되었다. 어찌 보면 나는 비바람으로 쓰러질 때마다 다시금 우뚝 일어선 '오뚝이 찐빵'이었다. 오뚝이 하나가 찐빵 앞에 서서 눈을 깜빡인다. 누군가 자꾸 그를 넘어뜨리는데도 벌떡 일어나 윙크를 한다. "괜찮아, 찐빵, 너도 할 수 있어! 함께 일어설 수 있어!" '오뚝이 찐빵'은 오늘도 푸른 꿈을 꾼다.

〈오뚝이 찐빵의 꿈〉 필자 소개

유영석
경영자, 대학교수, 경영컨설턴트로 활동하며 긍정의 힘을 실천해온 평생 학습자. 주경야독으로 학업을 이어가 경영학 석사와 정보통신공학 박사 학위를 취득했고, 중견·중소기업의 경영지도사로도 활약했다. 2024년 '한국산문'과 '시조문학'을 통해 수필가와 시조시인으로 등단, 긍정의 씨앗을 문학으로 전하고 있다.

'나의 브라보! 순간' 공모전 당선작

내 사랑 내 곁에

장옥수

준비 없는 퇴직이었다. 늘 노후를 준비해야 한다고 남들에겐 입버릇처럼 말해놓고 정작 나를 위한 노후 준비는 없었다. 내 일은 평생 하는 일이라고 생각했다. 내가 끝내야 끝날 일이라고 자만했다. 그러나 그 시간은 예고 없이 찾아왔다.

나는 35년 동안 영업조직에서 일했다. 조직 확장과 조직의 성장이 곧 나의 성장이라고 믿고 숨 가쁘게 달려왔다. 그러다 어느 날 고개를 들어보니 세상은 온통 바뀌어 있었고, 온라인으로 물건을 사고파는 시스템으로의 전환은 선택사항이 아니었다. 기존의 영업 방식으로는 살아남을 수 없다는 것을 회복할 수 없는 실적이 증명하고 있었다. 그러니까 더 이상 내 능력이 쓸모없다는 사망선고를 받은 것이다. 그동안 나를 믿고 따라와 준 직원들을 위해서라도 그 자리를 빨리 내려놓는 것이 상책이었다. 난 서둘러 일터를 떠났다. 은퇴 후 대책, 그런 건 생각할 새도 없었다.

은퇴 후 시간은 더디게 흘러갔다. 나는 체질적으로 놀지 못하는 사람이었다. 뭐라도 해야 하는 사람이었다. 하지만 재취업을 하기엔 나이가 너무 많았다. 사실 내세울 스펙도 없었다.

초조하고 답답한 마음에 '무엇이든 배우자'라는 생각에 원주시 평생학습관에서 한국사 수업을 듣기 시작했다. 웅진에서 아동 출판물을 20년 가까이 취급하면서 우리나라 역사를 제대로 배워보고 싶다는 생각을 한 적이 있었다. 한국사 수업을 들으면서 '재미있게 한국사 강의를 하는 사람이 되고 싶다'는 목표가 생겼다. 그래서 한국사 자격증도 따고 주변 사람들과 동아리도 만들어 활동을 시작했다.

그러다 평생학습관에서 '문해교사'를 뽑는다는 정보를 입수하고 신청했다. 문해는 한글을 말하고 읽고 쓰는 것만이 아니라, 언어를 이해하고 생활의 지식을 알려 드리는, 생활 문해까지 말하는 것이었다. 어르신들을 가르치는 일이 참 근사할 것이란 생각이 들어 열심히 공부했고 난 문해교사 자격을 갖게 되었다.

문해교사를 하면서 우리나라에 문해 교육생이 참 많다는 것을 알게 되었다. 일제강점기에 한글을 배우지 못하고 일본어를 배운 국민학생들, 광복과 6.25로 공부할 때를 잃은 분들, 가난으로, 여자라는 이유로, 헤아릴 수 없는 많은 사연들로, 공부할 때를 놓친 분들이 생각보다 많다는 사실이 놀라웠다.

가만히 생각해 보면 우리 친정엄마도 학교라는 곳을 가 보지 못한 분이다. 장녀인 나는 어릴 적 엄마 대신 고향에 문안 편지를 쓰곤 했다. 엄마가 불러주시는 말을 편지로 옮겨 적으며 짜증을 냈던 기억이 있다. 그때는 철이 없어 알지 못했다. 문맹으로 한평생을 산다는 것이 얼마나 수치스럽고 답답한 일인지를…

교사가 되어 수업하면서 어르신들을 통해 우리 엄마의 모습을 보게 된다. 그 까닭에 나는 늦어도 조용히 기다릴 줄 아는 선생님이 되었다. 여러 번 아니, 아실 때까지 가르쳐 드리는 선생님이 되었다. 그 열정과 노력이 얼마나 값진 것인지 아는 선생님이 되었다.

문해교육 첫 수업에는 자기소개서를 꾸미는 시간으로 시작한다. 색연필로 색을 칠하게 하고 모르는 글씨를 알려 드린다. 좋

아하는 음식, 노래, 가수, 고향, 주소, 생년월일 등을 기록하게 한다. 처음에는 색연필을 잡는 것도, 사람을 그리는 것도, 어렵다며 포기하려 하신다. 하지만 1학기가 끝나갈 즈음엔 그림도 색칠도 수준급이 되신다.

어르신들은 늦게 하는 공부가 그리 재미나신단다. 숙제가 없으면 서운해하신다. 그래서 꼬박꼬박 숙제를 내드린다. 숙제는 얼마나 열심히 해오시는지 모른다. 그런 걸 알기에 숙제 검사는 열 일을 제치고 꼭 해야 한다. 숙제 검사 후에 꼭 '참 잘했어요!' 도장을 찍어드려야 한다. 그 도장을 받고 환해지는 얼굴은, 가르치는 일이 얼마나 복된 일인지를 느끼게 한다.

또 수업 시작하기 전에는 꼭 받아쓰기를 해야 한다. 하나도 틀리지 않으려고 신중하게 한 글자 한 글자 또박또박 쓰는 모습이 참 아름답다. 백설이 내린 머리카락에 주름 가득한 학생들의 학구열이 올여름 수은주를 얼마나 올려놓을지 이 교사는 벌써부터 가슴이 벅차오른다.

나의 3년째 찾아가는 성인 문해 교실은 올해도 경로당이다. 경로당 수업이 끝나면 어르신들은 꼭 마실 것이나 간식을 준비해 주신다. 어르신들의 다정함은 늘 나를 행복하게 한다.

해마다 문해 학습자 축제가 있는데 그 축제를 위해 어르신들은 시화전을 준비하신다. 시가 무엇인지 어떻게 써야 하는지 모르는 분들께 마음의 글을 표현해 보도록 지도하는 것이 내겐 참 어렵다. 하지만 내 어설픈 설명에도 찰떡같이 이해하시는 어르신들을 보면 정말 존경스럽다. 어르신들이 쓴 시를 읽다 보면, 시적 감수성이 뛰어난 분들이 많다. 어르신 중에 한 분은 멋진 시로 강원도 특별상을 수상하시기도 했다. 꽃다발을 받고 어린아이처럼 행복해하시는 모습을 보는데 자꾸 우리 엄마가 떠올라 눈물이 차올랐다.

작년에는 친정엄마가 김장을 하지 못하셨다. 거동이 불편하신데도 해마다 김장을 해주셨는데 올해는 그것마저 하기 힘드셨다. 엄마의 건강이 예전 같지 않다는 것을 이해하면서도, 친정엄마표 김장 김치가 빠진 밥상은 어떤 것으로도 채워지지 않는 아쉬움이 있었다. 그런데 경로당 어르신들이 너 나 할 것 없이 김치를 챙겨 주셨다. 갑자기 내 식탁은 김치 풍년이었다. 그것들은 엄마가 담은 김치 맛은 아니었지만 내 영혼의 허기를 달래기엔 충분했다. 어르신들에게서 엄마 품처럼 따뜻한 온기를 느낀다.

얼마 전에는 사회복지 교수님 도움으로 어르신들께 인지 치매 검사와 청각 검사를 할 수 있는 기회가 생겼다. 어르신 중에 유난히 소리를 못 듣는 분이 계셔서 검사 의뢰를 했다. 검사 결과 왼쪽 귀는 청각 기능이 아예 없고, 오른쪽 귀는 청각 기능은 남아 있지만 항시 심한 잡음 속에서 살고 계시다는 걸 알게 되었다. 귀에서 나는 물 끓는 소리로 잠도 제대로 못 주무신다는 말씀에 가슴이 먹먹했다. 자식들 걱정할까 봐 내색도 못하고 그 괴로움을 혼자 견디고 계셨다고 생각하니 마음에 물이 고였다. 그런 상태에서도 한 번도 빠지지 않고 공부하러 오신 걸 생각하니 결국 참았던 눈물이 떨어졌다. 몇 번의 정밀한 검사를 거쳐 그 어르신에게 딱 맞는 보청기를 해드리게 되었다. 그 어르신은 모든 소리가 너무나 선명하게 잘 들리니 세상이 달라 보인다고 기뻐하셨다. 자식과 며느리까지 찾아와 내게 고맙다는 인사를 했다. 좋은 기회가 생겨 도움을 드린 것뿐인데 이렇게 행복해하시니 내가 근사한 사람이 된 것 같았다.

사실 궁여지책으로 시작한 문해교사는 기대 이상의 만족감을 내게 주었다. 난 원래 사람을 좋아한다. 매정하고 이기적인 사람 말고 인간미가 넘치는 사람들을 좋아한다. 그런 사람들과 함께 있을 때 행복감을 느낀다. 그런 데다 나는 남들 앞에서 말하는 걸 좋아한다. 보다 쉽고 재미있게 말할 수 있다. 내 이야기를 듣고 감응하는 사람들을 보면 그렇게 행복할 수가 없다.

이런 것들은 모두 우리 엄마가 물려주신 유산일 것이다. 내가 좋아하고 잘할 수 있는 것을 하면서 노후의 삶을 영위할 수 있다는 것은 크나큰 행운일 것이다.

문해교사는 정말 교학상장(敎學相長)의 표본이다. 나는 어르신들에게 글자와 역사를 알려드리고, 어르신들에게서는 누구에게도 배울 수 없는 진짜 인생을 배운다. 삼인행필유아사(三人行必有我師)처럼 내가 만나는 어르신들은 매 순간 내가 많은 것을 깨우치게 하는 참 좋은 스승들이시다.

어르신들을 뵐 때마다 내가 턱없이 부족한 사람이라는 걸 깨닫는다. 어르신들과 함께하며 좀 더 나은 사람, 좀 더 넉넉한 사람으로 성장하고 싶다. 그리고 어르신들의 학구열이 식지 않도록 오래오래 기억에 남는 재미있고 유익한 수업을 준비해야겠다. '가장 편한 쌤, 가장 편(fun)한 쌤', 이것이 문해교사인 나의 목표다. 내가 만나는 어르신들이 배움이 즐겁고, 함께하는 시간이 행복했으면 좋겠다. 어르신들을 사랑하고, 사랑받는 선생님으로 남고 싶다. 그래서 어르신들이 오래오래 내 곁에 남아주시길…
간절히 소망한다.

〈내 사랑 내 곁에〉 필자 소개

장옥수

출판과 유통업계에서 30년 넘게 일하며 단단한 커리어를 쌓았다. 퇴직 후에는 원주평생학습관 성인문해강사, 강원도자연학습원 환경강사, 대한노인회 원주지회 소속 강사로 활동하고 있다. "사람 냄새나는 사람"을 인생의 좌우명으로 삼고, 편하고 편(Fun)한 선생님이 되고 싶다는 따뜻한 꿈을 품고 있다.

'나의 브라보! 순간' 공모전 당선작

대지에 집 짓기, 그 완성되지 않은 꿈

조근휘

마을 뒷산에는 여름이 어느새 성큼 다가와 나무들이 널찍한 푸른 잎을 늘어뜨리기 시작하고, 미처 개화하지 못한 꽃망울들이 서둘러 일제히 만개하여 떠나간 봄을 아쉬워하고 있다.

동쪽으로 한 마장가량 떨어진 작은 농촌 마을을 가로질러 물뱀처럼 휘감아 도는 개울물이 돌돌 흘러가는 게 보인다. 희뿌연 안개가 먼 산들 사이에 바닷물처럼 출렁이고, 우뚝 솟은 산봉우리들이 파란 하늘을 치켜올리고 있어 마치 천막 아래 서 있는 것 같다.

아직 고르기 작업이 안 된 마당에는 잔돌들 틈에 드문드문 솟아난 바랭이, 쇠비름, 질경이와 바람에 흔들리고 있는 개망초,

뚱딴지, 엉겅퀴들이 눈에 띈다. 집 가장자리로는 무성히 자란 환삼덩굴도 보인다. 겨울이면 북풍을 막아줄 나지막한 야산이 집 뒤에 둘러 있고, 앞에는 개울가에 늘어선 버드나무들 너머로 너른 들판이 시원하게 펼쳐져 있어 낭만적인 풍경을 만들고 있다.

뒤로 돌아보면, 제법 형태를 갖춘 이층 목조주택이 파란 하늘을 배경으로 한껏 멋을 부리며 서 있다. 방금 재단한 듯한 싱싱하고 향긋한 굵은 나무 기둥들이 주춧돌 위에 곧바로 서서 대들보와 처마와 추녀 골재들을 단단히 받치고 있다. 마당에는 건축 자재와 공구들이 여기저기 흩어져 있고, 지붕에는 기와를 얹기 위한 덮개판들이 밑에서부터 용마루 쪽으로 붙기 시작하고 있다. 목수들과 인부들의 쩡쩡 망치 두드리는 소리와 윙윙 드릴 돌아가는 소리가 고요한 숲을 깨워, '숲의 원주민들'을 놀라게 했을 것이다. 알과 새끼들을 날개 죽지와 가슴 쪽으로 바짝 끌어당기고 긴장된 날들을 보냈을 날짐승들과 들짐승들에게 여간 미안하지 않다. 집이 완공되면 이들과도 곧 친해질 수 있으리라.

집 짓기는 여기까지밖에 진행되지 않고 멈춰있다. 미처 대문을 열어보지도 못하고, 집 주변의 잡초를 제거하고 마당에 잔디를 깔고 초록 울타리를 두르기도 전에 집은 연기처럼 자꾸 흩어지고 있다. 시간이 갈수록 주택의 부재들이 하나씩 해체되고 마침내 집이 서 있던 대지마저 사라지려 하그 있다. 나는 몹시 초조하다. 옆으로 눈 돌릴 틈도 없이 앞으로만 달려왔던, 길고 고단했던 생활에서 벗어나 마침내 생의 마지막을 '자연 속에서 처연(凄然)히' 보내게 될 것이라 기대했었는데, 나의 집짓기는 중단되고 마음은 한없이 허전하다.

나는 열 살 때까지 농촌에서 살았다. 어린 시절 기억으로 아버지는 일찍이 일곱 살 때부터 나를 위해 작은 지게를 만들어 주셨고, 소를 다루는 법과 농사 지식을 조금씩 가르쳐 주시곤 했다. 당시 나는 크면 당연히 '농사꾼'이 되리라고 믿었다. 우리 소가 병으로 쓰러지자 나의 손을 꼭 잡고 뒷산 바위에 올라가 많은 눈물을 흘리시던 아버지의 뒷모습에서 나는 나의 미래를 확신했다.

그러나 할머니의 병, 소규모 농사에서 오는 끝날 것 같지 않은 가난, 그리고 자식들의 교육 문제 등이 겹치면서 부모님은 오랜 고민 끝에 결국 농촌을 버리고 도시를 택했다. 할머니는 달걀을 모아 짚으로 고리를 엮어 장날이 되면 고무신이나 바느질거리로 바꾸거나, 가끔 사탕이나 엿을 사서 우리에게 나누어 주시곤 하셨다. 할머니는 이사 가는 날 아침에 그 귀한 흰 달걀을 모두 삶아서 시외버스 안에서 하나씩 나누어 주셨는데, 나는 소화가 덜 된 보리밥과 위 근처에도 가보지 못한 귀한 삶은 달걀을 버스 바닥에 전부 게워 내고 말았다. 자갈을 밟고 먼지를 날리면서 달리던 완행버스에 시달리다 어느새 소음과 먼지가 가득한 도시의 아스팔트에 첫발을 내딛게 된 후, 나는 아직 도시라는 곳을 벗어나지 못하고 있다.

우리 세대(70년대를 시골에서 보냈던 60년대생)는 시골에 대한 아련한 향수를 가지고 있다. 명절이면 많은 사람들이 차량정체를 마다하고 나훈아의 '고향역'을 지겹도록 들으면서 고생스럽게 고향으로 향한다. 그리고 그들은 생각한다, 은퇴하면 반드시 전원(아마 그들 마음속에는 시골이겠지만)으로 돌아갈 거라고.

어류를 비롯한 동물들은 자신이 나고 자란 곳을 잊지 못하고 죽기 전에 태생지로 돌아가고자 하는 귀소본능(歸巢本能, Homing Instinct)이 있다고 한다. 하지만 반대로 인간은 또한 태생지를 떠나서 자신이 오래 살던 곳에 익숙해지면 떠나기를 두려워하고 망설이는 정주성(定住性)도 가지고 있다. 그래서 주저앉아 한없이 고민한다.

아내에게 조심스럽게 노후의 전원생활에 대한 말을 꺼낸 게 10년 전이었다. 아내가 어릴 때 지방공무원이었던 장인의 근무지를 따라다니면서 시골 생활을 잠깐씩 경험했다는 것을 알았기 때문에 혹시나 하는 기대를 하고 있었다.

그러나 반대로 아내는 오히려 시골 생활의 불편했던 기억만을 간직하고 있는 듯했다. 인터넷에 떠도는 전원생활의 장점들을 조금 과장하고, 단점들은 일부 희석시켜 아내를 설득하려 했지만 실패하고 말았다. 아내가 아예 말도 꺼내지 못하게 하면, '나 혼자라도 가겠다', '딸을 데리고 둘만 가겠다(딸의 의사를 확인도 하지 않고)'고 하면서 협박(?)하기도 했다.

또는 고향 근처나 친척들이 사는 곳으로 가는 방안도 제안해 보았지만 아내는 오히려 더 세게 고개를 저을 뿐이었다. 아내는 세상을 가능한 현실적으로 보려고 하고 경제적인 면을 상당히 중시하는 편이었기 때문에 작전을 바꿀 필요가 있었다. 그래서 아내가 생각하는 소위 '허황한 꿈'을 잘게 조각내고 '현실과 경제'라는 껍질을 씌워서 강아지 간식 주듯 아내와 딸에게 하나씩 던져주곤 했다.

드디어 나의 작전이 결실을 보게 된 걸까? 아내가 어느 날 태블릿으로 농어촌주택이나 전원주택 경매와 매매 관련 동영상을 보고 있는 걸 우연히 목격하게 되었다.

"멋진 집이네." 나는 슬쩍 화면을 들여다보았다. 그것은 한 유명 유튜버가 전국을 돌아다니면서 찍은 동영상이었는데, 소개된 집은 제법 규모 있고 멋진 강원도에 있는 전원주택이었다.

"당신이 하도 전원생활, 전원생활 하길래 한 번 들어가 본 것뿐이야. 전원주택이 관리하기도 힘들고, 난방비, 유지비도 많이 든다고 하던데? 무엇보다 전원주택이 요즘 인기가 없데."

아내가 손가락을 들어 태블릿의 화면을 바꾸려는 순간, 나는 얼른 전원에서 살면 좋은 점을 맹렬한 기세로 재차 설명하기 시작했다. ('시골'이라는 단어가 풍기는 후진적이고 낙후되고 구석진 느낌을 주지 않기 위해 '전원'이라는 단어를 애용(?) 하고 있다.) 특히 미래의 손자들에게 농약이 묻지 않은 무공해 음식을 제공해 줄 수 있는 게 얼마나 가치 있는 일인지 강조하려고 했다. 나는 은근슬쩍 아내의 눈치를 살피면서 더욱 고삐를 당기려고 했지만, 아내는 태블릿 화면을 탁 닫고는 휑하니 나가버리는 것이었다.

이제 9개월 후면 나는 사람과 일로 부산하던 직장을 떠나 가차 없이 세상의 뒤편으로 밀려날 것이다. 세월이 흘러 어느 날, 우연히 오래된 물건을 정리하다 명함 뭉치를 하나 발견하고 명함 위의 이름에 해당하는 얼굴을 떠올려 보고는 잃어버렸던 추억 때문에 눈물을 글썽이거나, 점점 다가오는 죽음에 대한 두려움에 몸을 부르르 떨지도 모른다. 나이들어 기억력이 감퇴하고 사람과의 접촉 빈도가 낮아지다 보면 언어 구사나 논리적 사고 능력이 상실되고, 자존감이 점점 약해지며 무력해진다. 삶의 의욕을 잃게 되는 것이다. 그래서 나는 '나 스스로에게' 채찍질하듯 마음속으로 두 개의 문장을 외치곤 한다.

"인간은 아무리 발버둥 쳐도 혼자 남겨지고 혼자서 살다가 결국 혼자서 죽는다."

석가모니를 비롯한 동·서양의 많은 철학자들이 고독을 즐기고 받아들일 것을 강조한다. 태어날 때와 마찬가지로 죽을 때도 혼자라는 것. 지금 함께 동시대를 살아온 수많은 사람들은 죽을 때가 되면 각자 흩어져서 혼자서 조용히 죽어간다. 순서는 있겠지만, 먼저 가고 나중에 가는 것은 큰 의미가 없다.

고독이 두려워 다른 사람들과 어울려 말을 섞고, 웃음을 섞고, 공허한 생각들을 섞고 나서 집에 돌아가 이불 속에 누우면, 자신이 그들에게 배제되지 않기 위해 소중한 '무언가'를 계속 잃어가고 있다는 생각이 든다. 내 인생과 아무런 관련이 없는 사람들과의 관계 속에 나를 욱여넣음으로써 진정한 나를 버리게 된다면 짧은 인생에서 남는 게 과연 무엇일까?

인간에게 고독은 혼자 있으나 둘이 있으나, 여러 명이 모여 있더라도 반드시 찾아온다. 혼자만의 고독을 두려워하지 않는 용감한(?) 사람들도 많은데, 그들은 자신의 소중함을 깨닫고 자신을 존중할 줄 안다. 은퇴하고 나이가 들어 주변 사람들이 하나둘 떠나기 시작하면, '혼자 남겨짐'이 두려워서 자꾸 사람들 사이에 끼려고 한다. 그러나 언젠가는 결국 혼자 남겨지리라는 것을 알아야 하고 받아들여야 한다.

"늙어 죽을 때까지 할 수 있는 일은 농사(또는 창작)뿐일지도 모른다."

은퇴 후에 경제적 요구, 혹은 의미 있는 시간을 갖기 위해 자격증 뭉치를 소중히 옆구리에 끼고 의기양양하게 기업체의 문을 두드리는 사람들이 많다. 그러나 들어갈 수 있는 문이 너무 좁거나 아예 닫혀있는 경우가 대부분이며, 그게 현실이다. 설령 어찌어찌해서 밀고 들어간다고 하더라도 오래 버티지 못하고 다시 문을 나오게 된다. 체력적인 한계가 가장 큰 장애이겠지만, 현실적으로 젊은이들과의 경쟁에서 살아남기 힘들다는 부정할 수 없는 이유 때문이다.

그래서 어떤 은퇴자는 가족의 생계가 달린 소중한 퇴직금을 긁어모아 사업이라는 도박에 뛰어들기도 한다. 하지만 결국 몇 년이 지나서 남는 것은 망가진 몸과 지친 마음뿐이고, 더욱이 의지할 가족들마저 흩어져버린 비참한 상황을 맞게 될지도 모른다.

나는 농촌에서 죽는 날까지 호미와 쟁기를 손에서 놓지 못했던 선조들을 기억한다. 농사는 체력의 한계선까지도 가능한 일임을 자주 보아왔다. 과거 나의 선조들(부모 이전 세대)은 오직 벼농사와 고추·깨 농사 이외에는 농사로 보지 않았다. 마을 사람 누군가가 채소·과일·버섯·유자 농사라도 지을라치면, 마을 원로들이 허연 수염을 쓰다듬고 담뱃대를 휘두르면서 쓸데없는 짓 한다고 야단치기가 일쑤였다.

땅을 신성한 것으로 여겼던 그들에게는 오직 쌀과 보리만이 농사의 처음이고 끝이었다. 그러나 지금의 농사는 과거의 농사와는 비교가 되지 않는다. 특히 파인애플, 바나나 등 외국에서만 재배되던 열대과일까지 재배되고 있으며, 봄에만 수확되던 딸기를 이제는 눈 내리는 한겨울에도 누구나 즐겨 먹을 수 있게 된 것이다. 소비자들은 청결한 무농약 채소나 당도가 높은 품질의 농산물을 원하고 있다.

공업과 서비스업이 발전하면서 1차산업인 농사가 뒷전으로 밀리고 있지만, 먹거리 확보는 현재와 미래의 인류에게는 생존과 관련된 가장 중요한 문제이다. 사람들이 떠난 요즈음 농촌에는 산 중턱까지 점령했던 산밭들은 예전의 산으로 복귀한 지 오래고, 기름진 논밭들도 잡초가 사람 키만큼 자라서 아예 농토의 기능을 잃어버렸다. 어린 시절을 농어촌에서 보낸 세대에게는 농사를 떠나 '시골'은 그저 무한한 그리움으로만 남아있다. 그러나 혹시 우리 세대가 농촌에 조금이나마 관심을 두게 된다면, 후손들이 땅의 소중함을 느낄 기회라도 갖게 되지 않을까?

아내가 생각하는 시골 생활 기피 원인을 하나하나 곰곰이 생각해 본다: 시골은 첫째로 방범이 취약하다. 모든 불빛이 사라지고 밤이 되면 어둠만이 남게 된다. (혹시나 나쁜) 사람뿐 아니라 (호랑이는 없으니 멧돼지 정도의) 산짐승들이 쳐들어올지도 몰라 불안하다는 것이다. 둘째로 운전을 못 하는 아내가 혼자서 성당이나 병원에 가기가 너무 힘들고, 셋째로는 벌레나 동물을 무서워해서 수많은 벌레와 곤충을 감당하기 힘들다는 것이었다. 넷째로는 나이 들어 늙으면 사랑하는 자식들이나 친구들 가까이 있고 싶다는 소박한 소망이었다.

나는 책을 좋아하고, 식물에 대한 애정도 있다. 또한 자발적으로 선택한 일이나 주어진 의무는 밤낮을 가리지 않고 파고들어 기어이 해내고야 마는 타고난 기질을 가지고 있다. 귀농이나 농촌 관련 방송이나 동영상을 열심히 찾아보고, 지자체 도농 간 연계 사이트를 기웃거리거나 연금공단에서 운영하는 교육 프로그램에 참여 신청도 해본다.

젊은 시절에는 나이 들어 직장을 그만두게 되면 '조용한(?) 시골'로 내려가는 것이 당연하다고 생각하면서 살았다. 앞서간 선배들의 경험과 지식을 참고하여 틈틈이 전원주택과 온실 설계도를 그려 보거나, 농·어촌(어촌도 고려한 적이 있었다)에서 살아갈 방안(연금 70%, 농어업 30%)이나, 난방비와 관리비 등에 관한 구체적인 대책도 세워보곤 한다.

직장 동료나 주변 사람들이 땅과 농가를 이미 마련해 두었고 은퇴하자마자 곧바로 내려갈 거라는 구체적인 계획을 듣게 될 때마다 마음이 한껏 조급해지곤 한다. 나도 경제적으로 그 정도는 충분히 가능한데 말이다. 결국 가장 큰 장애이자 난제(難題)는 가족을 설득해야 한다는 사실이었다. 차라리 혼자 내려가서 살까 하는 생각도 가끔 들었지만, 노년에 가족 없이 혼자 살아가는 것에 대한 두려움은 매우 컸다. (서울에 살고 있는 내가 아는 여자의 남편은 55세에 대기업을 은퇴하고, 여자가 농촌에 함께 가는 것을 거부하자, 혼자 횡성에 내려가 7년째 농사를 지으며 잘 살고 있다고 하며, 한 달에 한 번 정도 서로 얼굴을 보면서 행복하게 살고 있다고 한다.)

이제 잠시 중단되었던 나의 집을 계속해서 완성해 보기로 한다. 대지는 마을과 조금 떨어지고 뒤로는 아담한 언덕이 있는 삼백 평 남짓. 집은 작은 2층짜리 남향으로 철근콘크리트나 목조로 짓고, 1층에는 나와 아내가 거주하면서 주변 경치와 정원을 볼 수 있도록 통유리창을 달 것이다. 거실벽에는 러시아식 벽난로(페치카)를 설치해도 좋을 듯하다. 2층에는 방 두 개와 화장실을 배치하고, 특히 딸아이를 위해 베란다 공간을 남겨놓아야 한다. 마당에는 고운 잔디를 깔고 대문 위로 장미 넝쿨을 올리면 이곳에서 아이들이 '작은 결혼식'을 할 수도 있고, 손자들이 마음껏 뛰어놀 수도 있을 것이다.

집 옆쪽에는 소규모 유리 온실을 마련하여 계절에 상관없이 방울토마토, 딸기, 참외 등을 따먹을 수 있도록 하고, 집 뒷마당이나 앞마당에 공간이 있다면 텃밭을 만들어 상추, 고추 등 채소나 맨드라미, 봉숭아 등 꽃을 조금 심어 보자. 초록색 철재 펜스로 담장을 둘러 개방감을 주고, 담장을 따라 화살나무를 줄지어 심어놓으면 가을에 아름다운 단풍을 감상할 수도 있을 것이다. 또한 마당 가장자리마다 대추나무, 감나무, 포도나무 과실수를 몇 그루 기르고, 대문이 있는 쪽에는 벚나무도 심어 봄이 되면 꽃잎이 휘날리고 가을이면 붉고 노란 단풍잎이 떨어져 마당을 가득 채울 것이다. (소나무나 버드나무는 꽃가루가 심하게 날리니 심지 않는 게 나을 듯!)

특히 아내의 방범(防犯)에 대한 우려를 없애고, 적적함을 덜어주기 위해 사방(四方)에 태양광 가로등을 설치하고 리트리버나 거위 한두 마리를 키우자. 닭을 키워 싱싱한 달걀을 얻거나 마을에 놀고 있는 밭을 빌려 고구마나 감자를 재배한다면 금상첨화일 것이다. 마트, 백화점, 병원을 이용하기는 불편하겠지만, 먹거리를 위해 마트에 자주 갈 필요가 없어지고 불필요한 병원 진료가 줄어들게 되겠지.

어느 정도 농촌 생활에 적응이 되면 본격적으로 농사에 손을 대보자. 미숙하게나마 뿌려 둔 씨앗들이 연초록 싹을 틔워 올리고 줄기와 잎들이 사람 키보다 더 크게 자라 군악대처럼 멋지게

도열(堵列)하여 우리를 반겨준다면 아내의 가슴에도 보람과 뿌듯함, 그리고 사랑이 함께 피어날 것이라고 믿는다. 그리하여 나의 꿈도 마침내 이루어지는 것은 아닐까라고 조심스레 기대해 본다.

〈대지에 집 짓기, 그 완성되지 않은 꿈〉 필자 소개

조근휘

1965년 전남 해남 출생. 법무부 출입국·외국인정책본부 근무 중. 퇴직 이후의 삶을 진지하게 그려보며 글을 쓰기 시작했다. 가족과 현실을 돌아보는 자각 속에서, 꿈을 그리는 일이 삶에 생기를 불어넣고 미래를 기대하게 만든다는 사실을 깨달았다.

'나의 브라보! 순간' 공모전 당선작

일과 꿈

조미경

저는 어린이집 교사입니다. 그리고 두 아이를 둔 엄마입니다. 제 아이들이 한창 자라고 있을 때, 저는 유아교육과에 들어가서 아이들 교육에 대해 공부하고, 어린이집 교사로 일하며 다른 누군가의 아이를 돌보고 키우며 살아왔습니다.

어린아이들을 돌보면서 바쁘고 힘든 일도 많았지만, 오히려 아이들 교육에 대해서 새로 생각하게 된 것도 많고 배운 것도 많아서 좋았습니다. 부모들이 대부분 직장에서 일하고 있는 아이들을 맡아서 교육하면서 사회에 도움이 되는 일을 하고 있다는 뿌듯함도 가지고 있습니다. 어린이집에서 교사로 지내며 사랑스런 아이들의 환한 미소를 보면 힘든 가운데서도 보람을 느끼고 행복했습니다, 아이들을 돌보며 방긋방긋한 순간들과 말문이 제대로 터지는 순간들, 친구들과 갑자기 토라져서 내 품에 안겨서 위로받던 순간순간들이 행복한 것이 저한테 어린이집 교사는 딱 맞는 일이었습니다.

가끔은 문득 그런 행복한 순간에 내 아이들이 생각나서 마음이 편치 않을 때도 있었습니다만, 그래도 어린이집 교사로 지내면서 받은 월급으로 내 아이들 학교 보내고 좋아하는 책도 사주고 맛있는 것도 사 먹이며 건강하게 잘 키울 수 있었음을 감사하며 살아왔습니다.

어린이집에서는 소소한 일들도 많습니다. 해마다 1월이면 새 학기에 맡게 될 연령과 반을 정하기 위해 면담을 진행합니다. 저는 2세 반을 지원했고 감사하게도 원하는 반에 배정되었습니다.

그런데 1세에서 2세로 올라오기로 한 영아들이 다른 어린이집으로 옮겨 가기로 하면서 2세반 운영이 위태로운 상황이 되었습니다. 그래서 다른 어린이집으로 가기로 한 영아의 부모들과 절실한 마음으로 상담을 진행하게 되었습니다.

결과는 두 명 다 그대로 재원하기로 하면서 무사히 2세 반이 구성되었습니다. 그리고 덤으로 동생까지 등록했습니다. 나름 저의 노력이 좋은 결과를 얻어서 기뻤습니다. 아이들을 돌보며 느끼는 좋은 감정들과 함께 이런 소소한 일도 내가 무언가 하고 있구나 하는 작은 성취감을 주기도 합니다.

드디어 새 학기가 무사히 시작되었습니다. 감사하고 있습니다. 하지만 40대에 뒤늦게 유아교육과를 졸업하고 시작한 어린이집 일이라, 일 자체는 힘들어도 행복하고 뿌듯한 일이지만, 나이 오십 중반을 넘어서니 저의 어린이집 생활은 얼마 남지 않은 것 같아서 아쉽고 섭섭한 마음이 들었습니다.

'백세시대라는데 어린이집에서 은퇴하고 나면 앞으로 나는 어떻게 살아야 할까? 돈 버는 일이 여전히 필요하기도 하지만, 무엇보다도 마음도 몸도 아직 젊고 뭔가 일을 하고 싶은데…' 최근 몇 년 동안 머릿속을 가득 채우고 있는 화두였습니다. 그래서 쉬는 날 도서관에 가서 책도 열심히 읽고 유튜브도 보고 겁 많은 제가 여러 가지 공부에도 시간을 내게 되었습니다만, 그래도 퇴직 후를 생각하면 늘 막막했습니다.

그런데 어느 순간부터 마음 깊은 곳에서 스멀스멀 올라오는 희미한 생각들이 점점 뚜렷해지면서 사춘기 소녀처럼 두근거렸습니다.

부모교육 강사

2세반 구성을 위해 절실한 마음으로 진행했던 부모 상담이 어느새 꿈의 씨앗이 되었습니다. 그래서 여러 가지로 알아보고 심사숙고해서 새로운 도전으로 결정하게 되었습니다.

아프리카 속담에 '한 아이를 키우는 데는 한 마을이 필요하다.'라는 말이 있다고 합니다. 예전에 우리나라도 대가족이 온 마을 사람들과 함께 아이를 키우던 시대가 있었습니다. 젊은 부모가 아이 키우기가 미숙해도 할머니가 있었고, 고모가 있었고, 동네에 따뜻한 이웃이 있었습니다. 우리는 이웃을 사촌으로 여기기도 했습니다.

그런데 산업이 발달하고 고도화되면서 우리나라도 마을에서 골목에서 아이들이 소리가 사라졌습니다. 젊은 부모들은 단절된 관계 속에서 홀로 아이를 키우는 시대가 되었습니다.

그래서 홀로 아이를 키우며 어려움에 처한 부모들에게, 어린이집 교사로 생활하면서 배운 아이들에 대한 이해와 양육 노하우를 알려주고 도움을 주면서 사회에 기여하는 사람이 될 수 있는 일이 뭐가 있을까 많이 생각하고 알아봤습니다.

몇 년 동안 인터넷을 검색하고 주변 사람들에게 물어보다가,

모 단체에서 진행하는 '긍정적으로 아이 키우기' 부모교육 전문 강사 양성과정을 발견하고 신청을 기다렸습니다.

소심하고 내성적인 성격으로 사람들 앞에서 간단한 발표조차 어려워하던 제가 부모교육 강사가 되어보고자 결심한 것은 제가 지금 생각해봐도 놀라운 일이었습니다. 다행히 교육일정이 7월 말 어린이집 방학 기간부터여서 시간적 여유가 있었습니다.

문제는 소심하고 겁많은 저의 무대 공포증을 극복하는 것. 그래서 우선 가까운 곳에 있는 문화센터에 시민연극 기초반에 등록하고, 수업에 나가 연습을 하면서 무대 공포를 이겨내고자 준비했습니다.

그렇게 6개월이 지나고 '긍정적으로 아이 키우기' 강사교육에 참여했는데, 가보니 다들 아동센터 센터장이거나 어린이집 원장, 혹은 강사로 활동하는 쟁쟁한 분들 이어서 약간 주눅이 들기도 했지만, 오히려 그분들에게 배울 것들이 많아서 좋을 거 같다는 긍정적인 생각이 더 커서 열심히 교육에 참여했습니다.

어린이집 교사 일과 아이를 키우는 엄마로서의 일들에 덧붙여서 시간을 내고 수업 준비를 해야 하는 힘든 시간이었지만, 예전 학교 다닐 때의 고3처럼 예습과 복습을 하며 다행히 교육을 무사히 마쳤습니다. 가족들도 오히려 뒤늦은 그런 시도를 격려해주고 배려해주어서 힘든 가운데서도 부모교육 강사과정을 무사히 마칠 수 있었습니다.

그런데 강사교육 과정은 수업으로만 끝나는 것이 아니라 두 번의 실제 실습 과정을 진행해야 마무리됩니다. 실습 과정은 교육생들이 스스로 찾아서 만들어야 하는데, 경험이 없던 저에게는 이게 오히려 수업을 듣는 것보다 쉽지 않은 일이었습니다.

교육받은 것을 잊지 않기 위해 교재 전체를 필사하며 복지관과 도서관에 '강의 제안서'를 보내고 전화 통화를 시도했지만, 실습 장소를 찾는 것은 쉽지 않았습니다. 교육과정은 실습 장소와 실습 대상을 모집하는 것에 비하면 아무것도 아닐 정도였습니다. 그렇게 실습 프로그램을 만들지 못해 상심하던 중에, 함께 교육받았던 분과 통화하다가 다행히 장소와 사람들 모집 등 실습 프로그램을 마련할 수 있게 되어서 함께 실습 강의를 하게 되었습니다. 지나고 보니 여러모로 감사할 일이 참 많은 한 해였습니다.

강의를 준비하면서 실습 장소와 실습 대상을 모집해준 파트너 강사님이 고마워서, 제가 강의에 필요한 자료를 도맡아 많이 준비했습니다. 실습 프로그램이라지만, 참석하는 부모들에게는 강사로서 실제로 도움이 되는 강의를 진행해야 했기 때문에, 처음 대중들 앞에서 하는 강의라서 어설픈 것을 들키지 않으려고 준비를 많이 해야 했습니다.

어린이집 끝나고 오면 피곤했지만, 강의안을 작성하고 수십 번 반복해서 다시 읽고 또 읽고, 내용을 숙지해야 강의에서 말이 막히지 않고 자연스럽게 진행할 수 있기 때문에 잠자리에 누워서도 머릿속으로 강의하는 모습을 상상하며 잠들곤 했습니다.

다행히 실습 강의를 진행하면서 점차 실수가 줄어들고 자연스럽게 되어가는 저의 모습에 저 스스로도 놀라고 뿌듯했습니다. 아, 이러면서 나름 실력이 늘어가고 자연스러워지는구나, 준비를 많이 하고 공부도 열심히 하면서 연습을 많이 해야 자연스러운 강의 진행이 가능하구나 하고요.

보람도 많았습니다. 실습 강의 프로그램은 두 번을 진행해야 했는데, 1차 참여자 중에는 베트남에서 일하러 온 엄마가 두 분 있어서 의사소통이 쉽지 않아 어려움을 겪고 번역을 도와주시는 분의 도움을 받기도 했으며, 처음 하는 강의라서 부모들의 참여를 자연스럽게 끌어내는 데 어려움을 겪기도 했습니다.

아이들을 돌보고 가르치면서 배운 방법과 부모들을 상대로 교육하는 방법에 차이를 두어야 한다는 것을 깨닫기도 했습니다. 어른과 소통하고 어른을 교육하는 방법이 아이들과는 다르기 때문이었습니다. 당연히 어린이집에서 아이들을 교육하는 프로그램과 어른들을 교육하는 부모 교육의 프로그램은 달라야 했기 때문에 강의를 진행하면서 실제로 배우는 것이 참 많았습니다. 가르치면서 배운다고 할까요.

강의 과정 중에 딸과 연락을 하지 않고 지내었다는 한 분은 용기를 내 딸에게 전화했고, 강의가 마무리될 때에는 이젠 서로 연락하며 지낸다고 이야기를 듣고, 제 강의가 이런 면에서도 도움이 될 수가 있구나 하고 뿌듯하기도 했습니다. 비록 실습 강의이지만 내 강의가 부모들에게 도움이 되는구나 하는 생각에 기분도 좋았습니다.

2차 강의는 더 인상 깊었습니다. 서울 동쪽 끝에서 사는 저에게는 실습 강의가 진행되는 김포까지 왕복 3시간이 넘는 거리 자체가 꽤 힘들었습니다만, 돌 지난 아기부터 유아를 둔 다섯 쌍 부부들이 9주 동안 진행하는 강의를 빠지지 않고 적극적으로 참여했습니다.

아이를 적게 낳는 대신에, 아이를 키우는 부모들이 양육과 교육에 더 어려움을 느끼는 부분이 많고, 그래서 이런 부모교육 강의를 나름 애타게 기다리는 분들이 많구나 하는 것을 느낀 실습이었습니다.

1차 강의 경험이 도움이 되었는지 진행 기술도 늘었고, 참여자의 구성과 특성에 따라서 강의 주제를 풀어나가는 방식도 거기에 맞게 조절해야 한다는 것도 배우게 되었습니다. 컴퓨터와 연관된 다양한 도구를 써 본 적이 없던 제가 프로젝터를 활용하는 방법도 익숙해졌고, 부모들의 연령대와 구성 특성에 따라서 표현하는 용어와 예시도 달라야 한다는 점도 알게 되었습니다. 어린이집에서 아이들을 가르치면서도 1세반, 2세반, 3세반 등 연령차에 따라 다르게 가르쳐야 했지만, 부모들도 마찬가지로 고려해야 했습니다.

　교육시간 내내 모두가 집중하는 것이 쉽지 않기 때문에, 부모들 역시 아이들과 마찬가지로 집중하는 시간과 풀어가야 하는 시간을 조절해야 한다는 점도 실감나더군요. 다만 교육 중인 부모들은 어른들이기에 과제를 내고 설문지를 체크하고 확인해서 다음 강의에 참고할 수 있었다는 점이 있어서 보육과는 다른 교육의 특성을 체감했습니다. 나이 들어서 무언가를 배운다는 게 쉽지는 않지만, 정말 가르치면서 배운다는 말이 어떤 뜻인지 실감할 수 있었습니다.

　수료식을 진행할 때는 강의가 벌써 끝나게 되어서 아쉽다고 우는 아이 엄마와 옆에서 다독거려주는 아빠들, 그리고 참여자들과 서로 안아주고 격려하고 앞으로의 날을 응원하며 강의를 마무리했습니다.

물론, 참여한 부모들이 강의를 들으면서 배우고 느낀 것들을 집에서 아이들을 키우는데 실제로 적용하는 게 생각처럼 쉽지는 않겠지만, 조금이라도 실천된다면 도움이 되겠지요. 변화에는 시간이 걸리고, 즉각적인 변화를 기대한다기보다는 꾸준히 원칙을 따르다 보면 긍정적인 변화가 일어날 것이고. 그런 게 바로 교육일 테니까요.

저는 이렇게 1차, 2차 실습 강의를 마치고 지금은 부모교육 전문강사 자격증을 기다리고 있습니다. 그리고 나이가 차서 어린이집 교사로서의 생활을 마치게 되더라도, 그간의 경험과 공부를 살려서 부모교육 강사로서의 일을 시작하기 위해 하나씩 차곡차곡 준비하고 있습니다.

늦은 나이에 시작했지만, 생각해보면 그간의 유아교육 공부와 어린이집 교사생활을 하면서 쌓여온 저 나름의 경험과 지식을 묵히지 않고 잘 활용할 수 있는 새로운 길을 걸어나갈 수 있으리라고 기대하고 있습니다. 저 개인적으로도 좋은 일이기도 하지만, 그것이 이 사회에서, 대학에서 공부한 유아교육과 어린이집 경험과 두 아이의 부모로서의 경험을 살려서 우리 사회에도 나름 도움이 될 수 있는 길을 찾아서 다행이라고 생각하고 있습니다.

요즘에는 예전과 달리 은퇴 후에도 충분히 일 할 수 있을 만큼 젊고 활동적인 시니어들이 많습니다. 더구나 경험이 많이 쌓여있고, 머릿속에 담겨진 지식도 많은데, 육십이 조금 넘었다고 일을 할 수 없다는 건 너무 안타깝고 사회적으로는 낭비라고 생각합니다. 무언가 지금까지의 경험과 지식을 활용해서 은퇴한 후에도 할 수 있는 일을 준비하고 있다는 자체로 저는 나름 행복합니다. 물론 은퇴하고 전적으로 취미 생활을 즐기거나 여행 다니면서 즐기고 쉬는 유유자적한 삶도 의미 있겠지요.

한편으로는 이 정도 일하고 살았으면 그냥 푹 쉬어도 되지 않을까 하는 생각이 들기도 합니다. 그러나 저는 몸이 허락한다면 무언가 의미 있는 일들을 더 오래 하면서 살고 싶고, 그것이 몸과 마음의 건강을 유지하는 길이라고 생각합니다. 지금 준비하고 있는 강사로서의 삶은 일을 하면서도 여행이나 다른 취미 생활과 휴식을 즐길 수 있는 시간적 여유가 있을 테니까요.

다만 현재로서는 어린이집 교사 생활을 최대한 성실하게 하며 지낼 것입니다. 그게 현재의 소중한 나의 일이니까요. 지금

하고 있는 일뿐만 아니라 아직 혈당이나 혈압도 괜찮고, 장기적으로 병원 약을 먹어야 될 정도로 건강이 나쁘지는 않다는 것도 감사한 일입니다. 후에 나이 들어서도 이런 활동을 계속하려면 몸도 건강해야 하니까, 매일 산책도 하고 어린이집 마치고 오면 비록 조금씩이지만 운동을 하고 있습니다. 그리고 여전히 문화센터나 도서관 등에서 진행하는 프로그램에 관심을 가지고 있습니다. 특히 독서교육이나 그림책 테라피스트 공부 같은 것은 기회가 될 때마다 참여하고 배우고 있습니다.

언제나 새로운 경험에 도전할 용기를 가질 수 있도록 격려해 주는 가족이 있어 오늘도 나는 운동화 끈을 질끈 묶고 씩씩하게 집을 나섭니다.

 〈일과 꿈〉 필자 소개

조미경
1969년 강원도 평창에서 태어나, 현재 서울에서 어린이집 교사로 근무하며 아이들과 함께 성장하고 있다. 그림책 테라피와 독서심리상담을 공부하며 세이브더칠드런의 '긍정적으로 아이 키우기' 부모 교육 강사로도 활발하게 활동 중이다.